活路は共闘にあり

――社会運動の力と「勝利の方程式」

Igarashi Jin
五十嵐 仁 著

はしがき

いま再び、社会運動の力がよみがえってきているのではないか。2011年3月の東日本大震災に関連して発生した福島第一原発事故とその後の反原発運動の拡大、特定秘密保護法の成立に反対して立ち上がった若者たちの運動、そして大きな盛り上がりを示した安保法（戦争法）制定阻止を目指した運動などを見てきた私の率直な感想です。

戦争法は成立しましたが、その後も廃止に向けての運動が継続しています。しかも、市民と野党との共闘も拡大してきました。このような形での共同の広がりは、戦争法案反対運動の成果にほかなりません。安倍暴走政治は国民の危機意識を強め、抵抗と抗議の声を高めました。安倍首相は図らずも「民主主義の目覚まし時計」を鳴らしたのです。

目覚めた若者やママさん、弁護士、学者・研究者など、これまで社会運動とは無縁だった幅広い階層が目を覚まし、立憲主義と平和、民主主義を守る運動に立ち上がりました。60年安保闘争、70年安保闘争に続いて、2015年は15年安保闘争として記憶されるにちがいありません。

私は「反響の法則」が働くだろうと言ってきました。太鼓を弱く打てば小さな音が、強く打てば大きな音が響き渡るからです。戦争法案の成立を目指した安倍首相は思い切り強く「太鼓」をたたき、そのためにこれまでにない大きな音が反響しました。戦争法案反対のたたかいを通じて、「反響の法則」は実証されたように思います。

その「反響」はその後も続きました。その一つが戦争法の廃止を求める２０００万署名運動であり、もう一つが戦争法の廃止と立憲主義の回復を求めて市民連合を結成し、参院選の1人区で野党統一候補を擁立するという動きでした。

このような戦争法反対と安倍暴走政治阻止のたたかいは、私の「老後」生活にも大きな影響を及ぼすことになりました。法政大学を退職して現役を「リタイア」したはずなのに、現役時代と変わらない忙しさが続いたからです。モノを書いたり講演したり、安倍首相のお陰で思わぬ「商売繁盛」となりました。これも「反響」の一つであり、私もその「響き」の一つになったというわけです。

これまでも例年30回ほどの講演をしてきましたが、２０１５年は倍の60回近くに達しました。週に1回以上、講演してきた勘定になります。たいてい講演が終わると質疑の時間があり、そこで「戦争法廃止の連合政府の樹立」について質問されることもしばしばです。

「どの程度、実現する可能性がありますか」と。

私は答えます。「問題は、実現するかどうかではなく、実現させるかどうかではありませんか」と。

連合政府の実現が、そう簡単な課題ではないということは明らかです。紆余曲折は避けられず、多くの困難があるでしょうし、実現できないかもしれません。

しかし、私は問いたい。「実現の可能性が低ければ、諦めてしまうのですか」と。「どんなに小さくても、少しでも可能性があれば、それに賭けるしかないでしょう」と。

大切なのは、決して諦めないということです。いかに実現不可能だと思われても、どんなに困難に見えても、それに挑戦し突破することでしか現状は打開できません。結果を恐れず、果敢に挑戦することによって初めて歴史を切り開くことができるのです。

ただし、果敢な挑戦とは言っても、それぞれの人にはそれぞれの事情があり、条件や環境は異なっています。一人一人が置かれた条件の下で、できるところで、できる形で、できることをやればよいのです。

それでは、一体、私に何ができるのだろうかと自問してきました。そして私も、私にできることを、できる形でやろうと決意を固めた次第です。戦争法廃止に向けての共同の発展と立憲主義の回復のために。

このような決意を形にしたものとして、本書を作成し出版することにしました。いま蘇りつつある社会運動のチカラを示し、励ますことで、それに確信を持って1人でも多くの方がこの運動に合流していただきたいと願いながら……。

2016年12月

五十嵐 仁『活路は共闘にあり――社会運動の力と「勝利の方程式」』 目次

序章　共闘の弁証法

野党共闘の始まりと暗転

これこそ、まさに弁証法ではないのか。日本政治における共闘の歴史を振り返ってみて、そう思いました。共闘の歴史もまた、「正（テーゼ）→反（アンチ・テーゼ）→合（ジン・テーゼ）」という弁証法的な発展をたどってきたからです。

まず、「正（テーゼ）」の段階です。野党共闘は60年安保闘争における安保共闘を嚆矢とし、その後のベトナム反戦運動や沖縄返還闘争、革新自治体の誕生などでの社共共闘として発展します。これが日本における野党共闘の原型にほかなりません。

次に「反（アンチ・テーゼ）」の段階で、野党共闘は暗転することになります。1980年に社会党は公明党と「日本共産党排除」を明記した「社公合意」を結びました。その結果、政党間における野党共闘は困難になり、共同の意志のある政党、団体、個人などすべてを結集するための「全国革新懇（平和・民主主義・革新統一をすすめる全国懇話会…当時）」が結成されます。

それから35年の歳月が流れ、この間にも様々な課題やレベルで共同の取り組みがなされました。野党間の選挙共闘もありましたが、それは主として社公民共闘など「共産党を除く」ことを目的としたものでした。そして、２０１５年の戦争法案反対運動の中から、ついに野党共闘における「合（ジン・テーゼ）」とも言える動きが芽生えることになります。

共産党を含む野党共闘の成立

このような野党共闘における新たな芽生えを生み出した力は、戦争法案反対運動の国民的な高揚でした。このような社会運動の復権は、２０１１年3月11日の東日本大震災と同時に発生した福島第一原発の事故以降、顕著になりました。それは原発ゼロ、特定秘密保護法や沖縄での新基地建設に反対する運動などとして発展し、戦争法案反対運動へと合流することになります。

そこには、学生や若い母親、弁護士や学者など良心的保守層を含むこれまでにない広範な人たちが立ち上がる姿が見られ、その運動の波は東京や国会周辺だけでなく全国津々浦々に広がっていきました。そして、そのような中で自然発生的に沸き上がって来たのが「野党は共闘」という声でした。

この声に真っ先に応え、安保法（戦争法）が成立した２０１５年9月19日の午後に「国民連合政府」の呼びかけを発したのが日本共産党です。その後の運動の展望を示したこの呼びかけは、戦争法の成立に力を失いかけていた人々に勇気を与え、歓迎されました。しかし、この時点では、それがどのような形で具体化され、どう展開していくのか、誰にも分かりませんでした。

それが新たな進展を示したのが、翌２０１６年2月19日に実現した戦争法の廃止と参院選での選挙共闘についての合意です。民主党・日本共産党・維新の党・生活の党・社会民主党の野党5党によるもので、いわゆる「5党合意」です。こうして、共産党を含む新たな政治的共同が実現し、野党共闘が成立することになりました。

実はこの1ヵ月前、私の住む八王子でもささやかな野党共闘が実現しました。私が立候補した八王子市長選挙です。共産党や社民党だけでなく維新の党（当時）や生活者ネット、無所属の市議さんなどに支援していただき、民主党の有田芳生参院議員が個人として応援してくださり、生活の党と山本太郎と仲間たちの山本太郎参院議員からも応援メッセージをいただきました。宇都宮健児さんや小林節さんも応援に駆け付けてくださいました。結果は落選でしたが、野党共闘の先陣を切った点で意義のある挑戦であり、共同の前進のた

安保法（戦争法）関連略年表

2006年9月26日	第1次安倍晋三内閣発足
12月15日	教育基本法改正
2007年1月9日	防衛庁、防衛省に昇格
4月17日	安保法制懇、設置
5月14日	改憲のための国民投票法成立
9月26日	安倍内閣総辞職
2011年3月11日	東日本大震災、福島第1原発事故
2012年4月27日	自民党、憲法改正草案を発表
12月26日	第2次安倍内閣発足
2013年2月8日	安保法制懇、再開
11月26日	国家安全保障会議（NSC）設置法、成立
12月6日	特定秘密保護法、成立
12月17日	閣議、国家安全保障戦略・新防衛計画の大綱を決定
2014年4月1日	武器輸出3原則を防衛装備移転3原則に変更
5月15日	安保法制懇、集団的自衛権行使容認の報告書提出
7月1日	閣議、集団的自衛権行使容認を決定
12月15日	戦争させない・9条壊すな　総がかり行動実行委員会発足
2015年4月27日	「日米ガイドライン」改定
5月3日	自由と民主主義のための学生緊急行動（SEALDs）発足
5月14日	閣議、戦争法案を決定
6月4日	憲法審査会で憲法学者3人、戦争法は違憲と表明
7月4日	安保関連法案に反対するママの会発足
7月16日	戦争法案、衆院で可決
8月30日	安保法案反対の統一行動。国会前に12万人、全国1000ヵ所で行動
9月19日	戦争法案、参院で可決・成立
9月19日	共産党、安保法廃止の国民連合政府樹立を呼びかけ
10月8日	総がかり行動実行委員会、安保法廃止2000万署名運動を呼びかけ
12月20日	安保法制の廃止と立憲主義の回復を求める市民連合結成
2016年2月19日	5野党党首会談で戦争法廃止など4項目に合意（5党合意）
7月10日	参院選投開票。11選挙区で野党統一候補が当選
10月16日	新潟県知事選で米山隆一候補が当選
10月25日	南スーダンPKOへの自衛隊派遣を5ヵ月延長
11月17日	市民連合と4野党の意見交換会、総選挙に向けての定期開催を確認

めに一定の役割を果たせたのではないかと思っています。

参院選での共闘が実現した背景と要因

参院選では32の1人区で共闘が成立し、11人の統一候補が当選しました。市民と野党との共闘が実現しなければ、このような成果は生まれなかったでしょう。このような共闘が実現したのは、野党第一党の民進党が共産党との共闘に踏み切ったためです。これは極めて大きな変化でしたが、そうなったのはなぜでしょうか。

その第1は、安倍暴走政治に対する怒りと危機感が高まったからであり、それが集約されたのが戦争法案反対運動でした。その中で上がった「野党は共闘」という声は、まさに国民本位の政治への転換を求める世論の具体的な現れにほかなりません。安倍首相は世論無視の政治を強行することによって市民と野党の間での連携を強めたことになります。

第2に、このような世論の高まりは市民運動のあり方を変えました。それまでは政治や政党と一定の距離を置いていた市民運動は戦争法案廃案に向けて政党に働きかけ、集会などへの参加を求め、国会内外での共闘にも躊躇しなくなりました。「5党合意」の成立後は参院選に向けて「安保法制の廃止と立憲主義の回復を求める市民連合」を結成し、選挙活動にも積極的に取り組みました。

第3に、このような働きかけを受けて政党の側も変化しました。一番変わったのは民進党です。2015年5月3日の憲法集会で民主党（当時）の代表は共産党の代表と手を結ぶことを拒みましたが、その後の安保法案反対集会に代表が参加してあいさつし、他の野党とも手を組むようになっていきました。運動の中で政党も変わっていったのです。

そして、第4に、このような変化を生み出すうえで、共産党の果たした役割には大きなものがありました。近年の国政選挙で躍進を続け、民進党結成後は野党第二党となり、安保法案反対運動をけん引して市民の信頼を得ただけでなく、「国民連合政府」を提唱して参院1人区での共闘成立のために候補者を取り下げたのです。これが野党共闘成立の決定的な要因となったことは疑いありません。

新潟県知事選で明らかになった共闘の威力と「勝利の方程式」

このような参院選1人区での野党共闘の経験はさらに大きな成果を生むことになりました。それが新潟県知事選での米山隆一候補の当選です。選挙告示の6日前に民進党を離党して立候補を決断した米山さんを推薦したのは、共産党・生活の党（現自由党）・社民党の

3党に新社会党や緑の党も加わった「新潟に新しいリーダーを誕生させる会」であり、柏崎刈羽原子力発電所の再稼働に反対する広範な市民も応援に駆け付けました。

結果は、6万票の大差で米山さんが当選しています。参院選でも1人区だった新潟選挙区で野党統一候補の森ゆうこさんが当選しましたが、その時の2200票差を上回る成果でした。原発再稼働反対やTPP反対などの大義の旗を掲げ、明確な争点を掲げて市民を結集すれば勝てるという「勝利の方程式」が実証されたわけです。

ところが、この選挙では民進党が〝自主投票〟に回り、蓮舫代表など幹部が応援に入ったのは選挙戦の最終盤でした。この1週間後に投票された東京と福岡での衆院補選でも、野党統一候補を立てた民進党の対応は極めて不十分なものでした。いずれの場合も民進党の弱点が露呈したと言わざるを得ません。

その背後には、支持団体である労働組合の連合からの強い働きかけがありました。2016年10月24日付『中国新聞』は「民進党と連合幹部の間では『密約』が交わされていた」として、「2補選告示を控えた10月4日、蓮舫代表と野田佳彦幹事長、連合の神津里季生会長、逢見直人事務局長との4者会談で野党共闘の原則を確認した。①共産の候補取り下げ、②政策協定は結ばない、③推薦は受けない、④表立った場所で共産と選挙活動はしない―といずれも『共産隠し』に徹する内容」だったと報じています。実際の選挙戦はこのような形でたたかわれ、「利敵行為」ともいうべき対応によって与党の候補が当選しました。

弁証法的な発展と未来への希望

しかし、このような野党共闘についての「揺れ戻し」は、民進党内でも支持されていません。『サンデー毎日』2016年12月4日号は「定まらない野党共闘、ついにベテラン勢が離反」と報じています。これによれば、民進党は10月に比例復活の衆院議員と落選中の支部長を数日間にわけて党本部に招集して聞き取りを行ったところ、「驚くことになんと全員が、『共産党と協力すべき』と答え」、「共産党と組むと連合の支持がもらえなくなるが、それでもいいのか」と聞くと、全員が「それでもいい」と答えたそうです。

このように、野党共闘の「正（テーゼ）」、逆風の時代の「反（アンチ・テーゼ）」の時代を経て、新たな野党共闘の成立という「合（ジン・テーゼ）」の時代を迎えました。それは、かつての社共共闘の再現ではありません。市民が積極的に関わり、野党4党による選挙での当選だけでなく連合政権の樹立をも展望する「本気の共闘」になろうとしています。

もちろん、それが一直線に進んできたわけではなく、これからも紆余曲折は避けられないでしょう。新潟県知事選や衆院補選での民進党の対応など、今後の野党共闘についての不確定要因も生じています。

しかし、ここでも弁証法的な発展があるのではないでしょうか。民進党も加わった参院選1人区での共闘が「正（テーゼ）」であり、その後の「揺れ戻し」と民進党の弱点の露呈が「反（アンチ・テーゼ）」でした。そして、これから衆院選での「本気」の共闘の実現という「合（ジン・テーゼ）」の段階が訪れようとしています。それは、参院選での共闘の再現ではなく、それをさらに発展させ、野党連合政権樹立と統一戦線結成への新たな扉を開くものとなるでしょう。また、そうでなくてはなりません。

こうして、日本の歴史における新たな政治的実験と実践の新しい時代が始まろうとしています。それを生み出したものこそ、蘇りつつある社会運動のチカラにほかなりません。ここにこそ、現状を打開し日本政治の閉塞から抜け出して未来を切り開く希望が残されているのです。それを現実のものにできるかどうかが、今を生きるすべての人に問われているのではないでしょうか。

序章　共闘の弁証法

第1章　反転攻勢に向けての活路が見えた
——16年参院選の結果と平和運動の課題

はじめに

「参院選は本当に与党の圧勝だったんでしょうかね。私はむしろ危機感を持ちましたけどね」

この言葉は、東京選出の自民党議員・菅原一秀前財務副大臣のものです。インターネットで配信されている「現代ビジネス」の「賢者の知恵」で、政治ジャーナリストの鈴木哲夫氏が紹介しています。その特別リポートには、菅原氏の次のような指摘もあります。

「マスコミは改憲勢力で3分の2を獲ったのだから圧勝だと報じていますが、一方で1人区で11も落とした。共産党と民進党の協力がうまく行くはずがないとタカをくっていましたが、野党協力をナメてはいけなかった、ということです。落ちた現職大臣2人も、安倍政権の重要な政策の柱の『沖縄』と『原発』を担当する2人ですからね。勝った勝ったと緩んでいたらしっぺ返しを食います。」

もう1人、「勝ったからって、浮かれていられる状況じゃないんだよ」と指摘する人物がいます。『毎日新聞』２０１６年7月18日付の山田孝雄「風知草」というコラムで取り上げられている小泉純一郎元首相です。小泉氏は言います。

「与党が大勝したからって、そんなに変わるもんじゃないよ。これから大変だよ。アベノミクス」「これまで、目標はわかるけど、その通りにいってるか、実証しなくちゃいけない。『目標と実態が違うじゃないか』っていう人が出てくるよ。勝ったからって、浮かれていられる状況じゃないんだよ。もっと厳しくなるんだよ」

参院選で安倍首相は当初の目標を達成した、かに見えます。しかし、自民党の中に「むしろ危機感を持」つ議員がいます。元首相も、「もっと厳しくなる」という見通しを語っています。

それはなぜでしょうか。どうして、危機感や厳しい見通しが語られるのでしょうか。

1 与党と自民党

与党は確かに勝ち、野党は負けていた

16年7月の参院選の結果は自民56、民進32、公明14、共産6、維新7、社民1、生活1、無所属4となっています。これを見ても分かるように、政府・与党が勝ったことは明らかです。与党の合計で、安倍首相が目標としていた改選議席の過半数である61議席を突破したからです。自民党は56議席、公明党は14議席で、与党の合計は70議席となって目標を9議席上回っています。

前回3年前の参院選では、自民党だけで65議席を獲得していました。これに比べれば、公明党を加えた与党の合計で61議席という目標は低すぎます。初めから十分に達成可能なものでした。とはいえ、選挙にあたって掲げた勝敗の目安をクリアーすることができたのは事実です。目標を達成したのですから勝利です。

加えて、野党が阻止すると言っていた改憲発議可能な議席である3分の2議席も、改憲勢力全体で突破しました。安倍首相は、密かにこれを狙っていたにちがいありません。こ

の点で、野党は目標を達成できなかったのですから敗北です。

自民党は圧勝しきれなかった

しかし、冒頭に紹介したように、「本当に与党の圧勝だったんでしょうかね」という声が、当の自民党議員から上がっています。それはなぜでしょうか。

与党が勝ったとはいえ、自民党が圧勝しきれなかったからです。与党全体としても、3年前の前回と比べれば、76議席から70議席へと6議席減らしていました。自民党だけの議席ではもっと減少しています。3年前の65議席から56議席へと9議席の減です。比例代表では1議席増やしたものの、選挙区では10議席も減らしました。これが大きなショックを与え、「本当に与党の圧勝だったんでしょうかね」という発言を生み出す背景となっています。

しかも、自民党が秘かな目標としていた参院での単独過半数の回復という目標も、この選挙では達成できませんでした。自民党公認候補の当選では過半数に2議席足りず、これを補おうとして当選した無所属議員を開票速報中に追加公認しました。しかし、それでも1議席足りません。ということで、無所属の非改選議員であった平野達男元復興相を口説いて自民党に入党させ、ようやく27年ぶりの単独過半数回復という悲願を達成しました。

とはいえ、これは選挙での成果ではなく、姑息な政治工作の結果にすぎません。

2 野党の選挙協力

新たな危機感を生み出したのは野党共闘

このように与党は勝ちましたが圧勝したわけではなく、満足のいく結果ではありませんでした。とはいえ、それは「危機感」を生むほどのものでもありません。菅原議員が「私はむしろ危機感を持ちましたけどね」と言ったのはどうしてなのでしょうか。

それは、「1人区で11も落とした。共産党と民進党の協力がうまく行くはずがないとタカをくっていましたが、野党協力をナメてはいけなかった」というわけです。つまり、「野党協力」の力を目の当たりにしたからです。このような協力が今後も続くとすれば、「勝った勝ったと緩んでいたらしっぺ返しを食」う危険性を察知したからにほかなりません。

事実、参院選での野党協力の実績は、自民党に危機感を覚えさせるに十分なものでした。野党の統一候補は32の1人区のうち11の選挙区で当選し、11勝21敗という戦績を残しました。まだ「負け越し」てはいますが、3年前の2勝29敗という成績からすれば、勝率が5

倍を超える大きな前進でした。当選には至らなくても、あと一歩という接戦・激戦となった選挙区も現れています。

その結果、比例代表での野党各党の得票を上回る形で、統一候補の得票が大きく伸びました。この伸びが最も大きかったのは山形で１・71倍、次いで愛媛が１・66倍、長崎１・40倍、沖縄１・40倍、福井１・38倍、岡山１・36倍などとなっています。このうち、山形、沖縄では議席を獲得しています。このような形で得票増の効果があったのは、32の１人区のうち28選挙区に上ります。

接戦・激戦となった効果はこれだけではありませんでした。「勝てるかもしれない」ということで野党陣営の選挙活動が活発化し、有権者の関心も高まり、投票率がアップしました。激戦となった青森は9ポイントも上昇し、26の１人区で投票率アップの効果が生じています。

このような野党共闘の出発点となったのは２０１５年9月の共産党による「国民連合政府」の提唱で、これは２０１６年2月に「5党合意」に結実しました。この合意を基礎に１人区での統一候補擁立の動きが進みます。その背景には共産党による候補者の取り下げという決断がありました。

その後、統一候補擁立の動きが加速され、5月31日には最後まで残っていた佐賀県で野党統一候補が実現します。こうして、32ある１人区のすべてで統一候補が出そろいましたが、それは実に参院選公示日である6月22日のほぼ3週間前のことでした。

それでも前回の5倍を上回る当選実績を上げたのです。もっと早く足並みが揃って統一が進み、万全の態勢がとられていれば、より多くの1人区で当選者を出していたにちがいありません。この結果から、菅原議員は「野党協力をナメてはいけなかった」という教訓を引き出し、「勝った勝ったと緩んでいたらしっぺ返しを食」うのではないかと、「むしろ危機感を持」つにいたったのです。

「東北・甲信越の乱」と「オール沖縄」の威力

このような「危機感」を裏付けるような事実があります。「東北・甲信越の乱」と「オール沖縄」の威力です。これらの選挙区の結果を子細に検討すれば、自民党の勢いに陰りが生じてきたことが分かります。

安倍政権が誕生して以来、国政選挙で自民党は連戦連勝のように見えますが、そうではありません。前回の2014年衆院選で自民党は2議席減らしています。今回の参院選でも、自民党の議席は前回2013年選挙から9議席減でした。つまり、衆院では2012年、参院では2013年が自民党獲得議席のピークで、それ以降は下り坂だったのです。

今回は、秋田を除く東北各県と甲信越で自民党候補は全敗しています。事前の調査で苦戦が伝えられていたため、安倍首相はこれらの選挙区を中心に応援に入りました。しかし、11の重点選挙区の結果は１勝10敗で、２０１２年の総選挙での勝率87％、前回総選挙（２０１４年）での38勝38敗の勝率５割を大きく下回りました。「〝俺が入れば負けない〟と思っていた総理は相当ショックだったようだ」と自民党選対幹部は語っています。

しかも、東北や甲信越地方は農業地帯で、保守地盤が強い地域でした。しかし、ＴＰＰ（環太平洋連携協定）への不安や反発、農協改革への批判の高まり、東日本大震災の被災３県では復興の遅れへのいらだちなどもあって自民党の地盤が崩れ、今回の結果につながりました。福島では現職の大臣が落選しましたが、これは原発政策や原発事故・放射能被害対策への不信感を示しています。

沖縄でも、現職大臣が落選しました。事前の情勢調査で負けが濃厚とされていたにもかかわらず安倍首相が応援に入らなかったのは、もともと逆転は困難だと判断したからでしょう。実際、結果は10万票もの大差での落選でした。これによって、衆院でも参院でも沖縄選出の自民党議員は姿を消しました。辺野古での新基地建設に反対し、米軍基地負担の軽減を求める「オール沖縄」による明確な審判でした。

共闘に加わった各党にも効果があった

　野党共闘の効果は統一候補が立った1人区だけで生じたのではありません。アベ政治に対する批判の受け皿づくりに加わった各党も、自民党と対峙する構図をつくったことで野党としての信頼を得て有権者から一定の評価を受けたように思われます。

　とりわけ民進党にとっての恩恵は大きなものでした。3年前の1人区では公認候補を1人も当選させられませんでしたが、今回は7人の公認候補を当選させることができました。野党共闘による統一候補でなければ、このような成果を上げることは難しかったにちがいありません。

　このような1人区での成果もあって、民進党の当選者は3年前の17議席から32議席とほぼ倍増しました。7月8日付『朝日新聞』の推計よりも2議席多い結果で、最終盤で勢いを増したことが分かります。参院選直前での維新の党との合流や民主党から民進党への改名は冒険でしたが、野党共闘の中心に座ることによって一定のイメージ・チェンジに成功し、3年前の「どん底」から脱することができたのではないでしょうか。

　しかも、前回は東京選挙区で民主党候補の2人を共倒れさせましたが、定数増もあって今回は2人を当選させています。自民党の2人の当選者の得票合計は151万票だったのに、民進党の2人の合計は162万票と約10万票上回りました。集票力の大きい蓮舫候補がいたとはいえ、首都・東京での票数の逆転は注目されます。

共産党は前回3年前の8議席に及ばなかったとはいえ改選議席3から6に倍増し、比例代表での得票も前回より86万増の601万票となり、1998年の820万票に次ぐ2番目の高みに到達しました。しかし、3年前の8議席には及ばず、『朝日新聞』2016年7月8日付の事前の推計からも1議席減となりました。途中で失速した原因としては、藤野政策委員会責任者による自衛隊についての「人を殺すための予算」という発言や執拗な反共宣伝の影響などが考えられます。

社民党は改選2議席を維持することができず1議席減となりました。それでも比例代表では28万票増となって前回の1議席は維持しています。

なかでも生活の党は共闘の恩恵を大いに受けることになりました。1人区では野党統一候補として岩手と新潟で党籍のある候補が当選しています。また、比例代表でも事前の予想を覆して1議席を獲得しました。小沢一郎と山本太郎の共同代表2人は安保法制反対運動や野党共闘の実現で大きな役割を演じましたが、それが報われる形になったのではないでしょうか。

3 安倍首相の勝因はどこにあったのか

不安に駆られた有権者は安定を求めた

自民党の党勢が弱まりつつあり、2015年は「2015年安保闘争」ともいえる市民の運動が高揚しました。それにもかかわらず、どうして自民党は勝ち、野党は安倍首相を追い詰めることができなかったのでしょうか。

世界的に見れば、既成政党や政治家への不信感が高まっています。アメリカの大統領選挙では「トランプ現象」や「サンダース現象」が起こり、ヨーロッパでは極右勢力が台頭し、イギリスでもポピュリズムが強まってEU離脱が決まりました。欧米では変化を求める政治的な流れが勢いを増しているように見えます。それなのに、日本の安倍政権は今回の参院選で勝利しました。陰りが生じているとはいえ、国会内と自民党内での「ダブル一強」を維持することに成功しています。それはなぜでしょうか。

それには、移民問題の不在や日本周辺の安全保障環境が大きく影響していると考えられます。欧米の先進国に比べて外国からの難民の流入は少なく、大きな政治・社会問題になっているわけではありません。他方で、日本を取り巻く周辺諸国との関係は緊張をはらんでいます。北朝鮮の核開発やミサイル実験、中国の南シナ海での埋め立て、尖閣諸島周辺での不穏な動きなどがあり、安全保障面で不安をあおるような報道も相次ぎました。

世界経済の先行きが不透明になっているだけでなく、バングラデシュのテロ事件で日本人が狙われて7人が犠牲になるという、これまでには考えられないような事件も起きました。このような客観的な情勢変化に直面して、国民の多くは不安感を抱き安定志向を強めたのではないでしょうか。

国民はバブル崩壊以来、長期のデフレ不況に痛めつけられてきました。そこからの活路として期待した民主党政権にも裏切られました。もうこりごりだと思っているところに、安倍首相から「あの暗い、停滞した時代に戻っても良いのですか」と言われ、国民はひるんでしまったのではないでしょうか。アベノミクスによって得られたというささやかな「成果」にかすかな期待をつなぎ、その行く末を見極めようとしたのかもしれません。

「隠す、盗む、嘘をつく」という選挙戦術

これに加えて、安倍首相が意識的に採用した選挙戦術も功を奏したように見えます。今回の選挙では、とりわけ「隠す、盗む、嘘をつく」というやり方が目立ったからです。

まず、「隠す」ということでは、「争点隠し」を挙げることができます。その最たるものは消費税増税の再延期です。安倍首相は10%への再増税は延期せずにやると言っていたにもかかわらず、「新しい判断」で先に伸ばしました。本来ならこれが中心的な争点になるはずだったのに、事前に選挙の争点から消されてしまったのです。

改憲問題も同様です。野党は改憲勢力に3分の2をとらせないという争点を掲げましたが、安倍首相は街頭演説で口をつぐみ一言も触れませんでした。そのため、「首相が本気で改憲を目指すのであれば、自ら国民に問いかけるべきではないか」（『朝日新聞』7月11日付）と批判されるほどでした。

個別政策でも、評判の悪いTPP、原発再稼働、沖縄辺野古での新基地建設などの争点に触れることを避けました。しかし、争点を隠しきれなかったところでは厳しい審判を受けています。前述のように、TPPへの不信が強い北海道や東北・甲信越、東日本大震災や原発被害への対応の遅れが批判を浴びた被災3県、米軍基地被害や辺野古新基地建設が怒りを引き起こした沖縄などでは野党が善戦しました。福島と沖縄では現職閣僚が落選しています。

次に、「盗む」ということでは、野党の政策の横取りという問題があります。自民党は「これまで野党が重視してきた政策を取り入れた」（『毎日新聞』7月9日付）と指摘されるほど、このような傾向が目立ちました。

たとえば、最低賃金時給1000円、同一労働同一賃金、給付型奨学金の創設、保育園の増設による待機児童解消、保育士や介護福祉士の処遇改善など、これまで野党が要求し、自民党が無視してきた政策課題が次々に公約とされました。これらの問題を無視できないほどに矛盾が深刻化してきたことの現れであり、それなりに対策を打ち出したこと自体は悪いことではありません。

しかし、その狙いは政策を盗んで野党との違いを見えにくくすることにありました。野党との政策的な違いを曖昧にすることによって、争点化を防ぐという作戦に出たのです。

さらに、「嘘をつく」ということでは、「アベノミクスは道半ば」だと言い張りました。消費税の再増税を行えるような経済的前提条件をつくれなかったこと自体がアベノミクスの失敗を示しているにもかかわらず、まだ十分な成果が出ていないからだと強弁したのです。すでに破たんし、失敗が明らかなアベノミクスを取り繕い、有効求人倍率などの都合のよい数字を並べて嘘をつきました。

これに加えて、今回の参院選では共産党や野党共闘に対するネガティブキャンペーンを全開させました。共産党への反感をあおって民進党との共闘への批判を繰り返したのです。政策を積極的（ポジティブ）に訴えることができないからこそ、否定的（ネガティブ）な宣伝・扇動に頼らざるを得なかったわけですが、このような選挙戦術が一定の効果を上げたことは否めません。

安倍戦術を手助けしたメディアの罪

このような安倍首相による「争点隠し」という戦術の手助けをしたのが、マスメディアでした。その選挙報道は貧弱で、特にテレビは公示後、選挙報道が極端に少なくなりました。参院選についての情報を十分に伝えなかったという点では、「争点隠し」に加えて「選挙隠し」を行ったという批判は免れません。

今回の参院選は選挙権年齢が18歳以上に引き下げられて初めての国政選挙であり、注目度も高いものでした。それにもかかわらず、公示後に党首討論をやったのはTBSだけで、NHKはニュースでもろくに扱わず、ワイドショーなどでは都知事選の話題の方が取り上げられました。

調査会社エム・データの集計ではNHKを含む在京地上波テレビの放送時間は2013年の前回参院選より3割近く減っています。情報・ワイドショー番組で民放は6割減だったといいます。メディアは安倍政権による懐柔と恫喝に屈して報道を控え、結果的に有権者の選挙への関心を低めて「選挙隠し」と「争点隠し」に手を貸したように見えます。

また、改憲問題について新聞各紙は積極的に報道しましたが、争点化させることはできませんでした。改選議席の「3分の2」という数字の意味について、『高知新聞』は「高知で83％意味知らず」という記事を報じ（7月5日付）、『毎日新聞』でも「全国の有権者１５０人に街頭でアンケートを実施したところ、６割近くにあたる83人がこのキーワードを『知らない』と回答した」といいます（7月11日付）。

本来ならマスコミは選挙の前からこのような調査を行って投票日までに伝えるべきでしたが、「報道特集」（ＴＢＳ系）や「報道ステーション」（テレビ朝日系）などを除いて改憲問題は取り上げられませんでした。７月10日の投開票日に放送された選挙特番は「日本会議」についてのドキュメンタリーや自民党の改憲草案の解説なども行いましたが、「選挙後」に放送しても「後の祭り」ではありませんか。

16年参院選の投票率は選挙区で54・70％、比例代表で54・69％となり、前回の52・61％を選挙区で2・09ポイント、比例代表で2・08ポイント上回りました。しかし、１９４７年の第１回以降で４番目に低い投票率です。選挙戦術としての「争点隠し」やメディアによる「選挙隠し」が、このような低投票率にも影響したように思われます。

若者の意識と選択

今回の参院選から18歳選挙権が導入され、新たに選挙権を得た18歳と19歳の若者はどのような選択を行うかが注目を集めました。その結果、18～20歳の若い有権者の多くは自民党に投票しました。次いで多かったのが民進党、そしてその次が大阪維新の会でした。このような若者の投票傾向も、与党を勝利に導いた要因の一つだったと思われます。

共同通信社の出口調査では、18・19歳の比例代表の投票先は自民党が40・0%でトップとなり、20代、30代とともに、高い比率を示しました。『朝日新聞』の出口調査でも、この年代の自民党への投票は40・0%と20代に続いて2番目に多く、年代が上がるにつれて野党の割合が増えるという傾向がありました。

政党支持率では、自民党33・0%、民進党9・6%に次いで多いのが大阪維新5・9%で、4番目の公明党3・2%を上回っていました。大阪維新は改選2議席から5議席増の7議席獲得と健闘しましたが、その背景にはこのような若者の政党支持の特徴がありました。18歳選挙権導入の恩恵を受けたのは自民党に次いで大阪維新の会だったと思われます。

若者が投票に際して重視した政策は「景気・雇用」28%が最多で、「社会保障」15%、「憲法」14%などとなっていました。NHKの出口調査では、アベノミクスについて「大いに評価する」「ある程度評価する」と答えた人は合わせて64%で、「あまり評価しない」「まったく評価しない」と答えた人は合わせて36%にすぎません。

つまり、高校3年生や大学生にとって最も切実なのは就職問題であり、それを左右するのがアベノミクスの前途だと考えられたのです。有効求人倍率の向上や消費税の先送りによる雇用改善に望みをつないだために若者の多くは与党を支持しました。経済の先行きに危機感を感じた有権者は安定志向を強めましたが、それが最も鮮明に現れたのが若い世代だったのかもしれません。

4 選挙後の展望と課題

改憲阻止をはじめとした諸課題への取り組み

参院選の結果、改憲勢力は3分の2を超えました。衆参両院での改憲発議可能な国会勢力の確保は初めてで、これに気を良くした安倍首相は悲願としている改憲に向けて新たな攻勢に出てくるにちがいありません。憲法をめぐる情勢は条文を変える「明文改憲」に向けて、「危険水域」に入ったと言えます。

安倍首相は早速、秋の臨時国会で憲法審査会を再開し、どのような項目のどこをどう変えるか、与野党で議論してもらいたいとの意向を明らかにしました。当面、改憲派にたいする批判を強めて憲法学習を進め、改憲阻止のたたかいを強めることが重要になっています。

その場合、改憲には賛成でも9条改憲には反対だという立場があります。9条改憲に賛成でもそれは自衛隊の国防軍化や外征軍化を阻止するための改憲だという意見もあります。これらを十把一からげに改憲派だとするのは不正確です。この区別を明確にして、安倍首相が目指している危険な改憲路線を孤立させることが大切です。

2016年3月に施行された安保法（戦争法）は、国連平和維持活動（PKO）の新たな任務として、離れた場所にいる国連職員らを自衛隊員が緊急警護する「駆け付け警護」の任務を追加しました。紛争が激化している南スーダンへのPKO派遣を11月以降も続け、政府は新任務の実施を認めましたが、このような安保法を廃止しなければなりません。

安倍首相が最も重視しているのは、参院選の争点に掲げた経済政策「アベノミクス」の推進です。これについては具体的な成果が問われます。「これから大変だよ。アベノミクス」と、小泉元首相が言うとおりです。

事業規模28兆円超の経済対策が打ち出され、16年臨時国会で成立しました。その柱は少子高齢化に対応する保育・介護施設の拡充などで、「残業代ゼロ法案」や正社員と非正規の賃金格差是正を含む「労働改革」も盛り込まれました。社会保障サービスの低下を防ぎ、労働者の処遇改善に結びつくかが問われることになります。

沖縄関連では、高江のヘリパッド建設の強行や名護市辺野古の新基地建設をめぐる政府と県の法廷闘争の再開など、参院選での島尻（沖縄・北方担当大臣）落選の「意趣返し」のような暴挙が続いています。基地問題に対する沖縄のたたかいに呼応した取り組みを強めなければなりません。

原発に関しては四国電力伊方原発3号機が再稼働を始め、鹿児島県知事選で初当選した三反園訓知事は再稼働している川内原発の一時停止を九州電力に求めました。残念ながら、三反園知事はこの方針を貫くことができませんでしたが、再稼働を推進する政府の原発政策に対するたたかいは続きます。

野党共闘の継続と発展に向けて

参院選では歴史上初めて共産党を含む野党協闘が成立し、大きな成果を上げました。しかし、「5党合意」は参院選公示の5ヵ月前で、最後の統一候補が決まったのは3週間ほど前にすぎません。突貫工事で建てたプレハブのようなものでした。これを風雪に耐える本格的な建物にするのが、これからの課題です。

そのためには、この間の共闘によって培われた市民や野党間の多様なつながり、信頼関係を大切にし、発展させなければなりません。それによって主体的な力を強めることです。また、アベ政治終了後のビジョンを提示して明るく夢のある未来像を示さなければなりません。それによって、政策的な魅力を高めることです。

さらに、労働組合運動など大衆運動分野での一点共闘を拡大しなければなりません。労働法制の規制緩和反対、統一メーデーへの取り組み、原水爆禁止運動の統一など、可能な領域での共同を発展させることによって草の根から連合政権の土台づくりを始めることです。

近い将来における解散・総選挙を目指し、政策的一致、国会内での協力、選挙への取り組みなど野党4党間での共同を拡大し、首長選挙や地方議員選挙などでの野党共闘を推進していく必要があります。

『日経新聞』の調査では、野党は衆院選でも統一候補を「立てるべきだ」は47％で、「立てるべきではない」の36％を上回りました。民進党支持層でも「立てるべきだ」が73％、「立てるべきではない」は22％、共産党支持層も「立てるべきだ」が7割程度、「立てるべきではない」は約2割と同様の結果が示されています。

16年の参院選での得票を基に総選挙で共闘した場合の議席を試算した『北海道新聞』によれば、北海道内では野党側が10勝2敗になるといいます（7月19日付）。全国でも同様の可能性が生まれているにちがいありません。

ここにこそ展望があります。そして、活路はここにしかありません。天下分け目の「関ケ原の合戦」は始まったばかりです。本格的な対決は次に持ち越しとなりました。解散・総選挙がさし当りの政治決戦となるでしょう。参院選での成果を確信にして教訓を学び、より効果的で緊密な共闘のあり方や魅力的な候補者の擁立に向けての模索と研究に取り組む必要があります。

平和運動の課題──「積極的平和」とは何か

参院選の結果は今後の平和運動のあり方についても、大きな課題を提起しています。今回の結果に対して、戦争と平和の問題や日本周辺の安全保障環境のあり方が大きく影響していたからです。

その第1は、「積極的平和」の理念を明確にし、この言葉を安倍首相から取り戻すことです。本来、「積極的平和」とは「消極的平和」と対置され、単に戦争がない状態としての「平和」ではなく、戦争の原因となる不和や対立、貧困や格差、無知や憎悪などを取り去ることによって実現される真の平和を意味していました。

しかし、安倍首相は積極的な武力の行使による安全の確保という政策を「積極的平和主義」という用語によって説明しました。武力に頼らずに戦争の原因の除去を図ることを意味する「積極的平和」とは真っ向から対立する考え方であるにもかかわらず、それが効果的な平和実現の方策であるかのような誤解が生じています。

しかし、このような武力に依存する「力の政策」では、国際間の紛争も国際テロも根本的に解決できないことは、この間の経験からして明らかです。安倍首相の唱える「積極的平和主義」は考え方としても現実的な方策としても大きな間違いであり、かえって問題を複雑にし、解決を困難にしてしまいます。武力に頼らない地道な平和構築こそが現実的な解決策であり、「積極的平和」への道であることを示さなければなりません。

第2に、平和を実現するためには過去と未来にわたる長期的な視野を忘れてはならないということです。歴史から教訓を引き出し、現実を直視する力を持たなければ未来に対して盲目となります。その結果、過去の過ちを繰り返す危険性が生まれてしまいます。

戦前の戦争の歴史を学び、経験者の証言を残し、教訓を引き出すことは重要です。同時に、戦禍による壊滅的な荒廃から立ち上がり、70年以上にわたって平和を維持して経済大国を実現した戦後日本の経験と教訓も、十分に明らかにされ学ばれなければなりません。

それを可能にした力こそ平和憲法の理念であり、9条の効果だったのではないでしょうか。それを維持するだけでなく、その理念を実現できるような対外政策と将来ビジョンを持ち、周辺諸国や世界に向けて発信し普遍化することこそ、日本の平和運動が担っている国際的な役割にほかなりません。

第3に、平和を守るためには、民主主義の限界と危険性を十分に自覚することが必要です。民主主義とは多数決と同じものではなく、多数が賛成することによって誤った道を選択することもあります。多数が過ちを犯し少数が正しかった戦前の歴史を思い起こすべきです。

間違った戦争の道が選ばれる時、しばしばこのような誤りも繰り返されます。民主主義社会においては、多数の支持なしに戦争を始めることも続けることもできません。総力戦であればなおさら「総力」の動員が必要となり、「民主主義」が活用されます。

歓呼と喝さいの中からファシズムが誕生した歴史の苦い教訓を思い起こすまでもないでしょう。独裁と戦争への道は民主主義の「石」によって敷き詰められているのです。それを防ぐためには、少数であることを恐れず、多数であることの意味を問い、それへの同調を強いないことです。孤立を恐れず「反知性主義」を警戒し、多数の間違いを指摘できる知力を持たなければなりません。

参院選の結果、アベ政治の暴走は続き、スピードはアップするでしょう。それを阻止する力を蓄えるために、平和運動も歴史に学び、歴史の試練に耐えることが求められています。

第2章　「手のひら返し」の「壊憲」暴走を許さない
――容易ならざる段階での憲法運動の課題

はじめに

「憲法改正については、これまで同様、参議院選挙でしっかりと訴えていくことになります。同時に、そうした訴えを通じて国民的な議論を深めていきたいと考えています。」

安倍首相は2016年1月4日の年頭の記者会見で、記者に問われてこう答えました。そのために参院選での憲法論議が注目されました。首相は「憲法改正」について、どう訴えるのか。そして、「国民的な議論」はどう深められるのか。それに対して、有権者はどう判断するのか。

その結果、ある数字が注目を集めることになります。「3分の2」です。この数が、これほど注目を集めたのは改憲勢力がこの数以上の議席を獲得すれば、改憲発議に向けての条件が衆参両院で整うからです。

「そうは、させじ」と、野党第一党の民進党は「まず、2／3をとらせないこと。」と大書したポスターを張り出しました。新聞なども、この数字に注目してキャンペーンを張りました。それほどまでに注目された改憲問題です。それは参院選の争点として争われたのでしょうか。それに対する有権者の審判はどのようなものだったのでしょうか。

1 容易ならざる段階を迎えた――参院選の結果をどう見るか

「3分の2」は突破された

「改憲勢力3分の2超す　自公、改選過半数」

参院選の投開票日の翌日の朝刊にこのような見出しが躍っていました。自民、公明、おおさか維新、日本のこころを大切にする党の議席に、改憲に前向きな無所属議員の議席を加えた数が、参院の3分の2を超えたのです。

自民・公明の与党は2014年衆院選ですでに3分の2を超えており、今回の結果によって衆参ともに改憲発議が可能となりました。アベ政治の暴走が続く中、改憲についても具体的な動きが始まる条件が満たされたのです。

しかも、都知事選で小池百合子元防衛相が都知事に当選し、改憲論者の超タカ派知事が誕生しました。大阪ではおおさか維新の会の府知事と市長が存在しています。第3次安倍再改造内閣では超タカ派で改憲論者の稲田朋美防衛大臣まで誕生しました。まさに、改憲勢力にとっては「我が世の春」であり、憲法をめぐる状況が極めて危険な段階を迎えたことは疑いありません。

参院選でこれほどに注目されていた改憲問題は、結局、選挙の争点にはなりませんでした。「見事な」肩透かしだったというほかありません。というより、「争点にしたくなかった」から「隠した」のです。

その理由は、国民世論の変化にあります。アベ政治が暴走を重ねる中で、改憲に対する警戒感が高まり、反対論が増えてきました。とりわけ、9条改憲については反対の方が多くなっています。選挙で争点にすれば不利になるという計算が働いたにちがいありません。

年頭記者会見で「参院選でしっかり訴えていく」と明言していたにもかかわらず、安倍首相は参院選での遊説で改憲に触れることはなく、徹頭徹尾、「改憲隠し」選挙を貫きました。自民党も同様に「改憲隠し」に徹しました。全26ページにわたる選挙公約の末尾に「国民合意の上に憲法改正」という項目を立て、「憲法審査会における議論を進め、各党との連携を図り、あわせて国民の合意形成に努め、憲法改正を目指します」と書いてあるだけでした。

このような「改憲隠し」選挙にはメリットとデメリットがあります。メリットは不人気な争点を提起しなかったために参院選で勝てたことです。経済政策を前面に立て、アベノミクスで得られたというささやかな「成果」を売り物にして有権者の票をかすめ取ることに成功しました。

しかし、同時にデメリットも生まれました。改憲について口をつぐんだまま多数を得ましたが、それを政権への信任であるとして改憲に向けて突き進めば「手のひら返し」の裏切りが目立ってしまいます。選挙が終わったからと言って、直ぐに突進するわけにはいきません。

とはいえ、このような「手のひら返し」の手法は、安倍首相の得意技でもあります。2013年7月の参院選で特定秘密保護法にはほとんど触れませんでしたが、選挙が終わると秋の臨時国会に法案を出して成立させてしまいました。集団的自衛権の行使容認のための安保法案（戦争法案）についても、2014年12月の総選挙では争点として掲げていなかったにもかかわらず、安保法案の成立を強行しました（2015年9月）。

「2度あることは3度ある」と言います。同様の「やり口」が改憲問題においても繰り返されるかもしれません。参院選での勝利を背景に改憲に向けて暴走を始めることのないよう、警戒心を高める必要があります。

活路は市民＋野党の共同にある

２０１５年、安保法案に反対する国民的な運動が展開されました。「２０１５年安保闘争」とも言うべき大衆的な運動が盛り上がったのです。この運動には、それまでにない特徴がありました。

その一つは、ＳＥＡＬＤｓやママの会、市民連合など、従来になく若者や女性、市民が自主的に運動に加わってきたことです。平和フォーラムや全労連傘下の労働組合、九条の会など以前からの運動団体と新たに加わってきた運動団体が連携し、「戦争させない・９条壊すな！総がかり行動実行委員会」を中心に継続的な集会が開かれ、デモやパレードが展開されました。

もう一つの特徴は、このような国会外での運動と国会内での議員の活動や委員会での質疑などが連動して運動を盛り上げたことです。国会前の集会には野党の議員が参加して決意を表明し、市民団体の関係者は委員会の参考人などとして意見を述べ、憲法審査会で「安保法案は憲法違反」だと断言した3人の憲法学者の証言は運動に大きな影響を与えました。

そして第3に、これらの市民運動は政党との連携を強め、選挙などにも深く関わることになります。政治や政党と一定の距離をとってきた従来の市民運動とは、この点で大きく異なっており、市民や政党が連携して開いた集会やデモの中で「野党は共闘」という声が上がったのは自然な成り行きでした。

安保法（戦争法）は2015年9月19日に成立しました。この日の午後、共産党は今後の方針を協議し、「国民連合政府」樹立の呼びかけを行いました。安保法の廃止を可能にするような新しい政府を市民と野党との共同の力で樹立しようという呼びかけです。

この時点から「2015年安保闘争」は新たな局面を迎えました。参院選に向けて野党共闘の成立を目指すという、これまでの国政選挙では経験したことのない新たな運動目標の提示でした。同時に、安保法廃止を目指す2000万署名運動も提起されました。市民と政党との共同は大衆運動と選挙闘争との連携という新たな運動領域を切り開いたのです。

国民連合政府樹立の呼びかけは大きな反響を呼び起こし、多方面から歓迎されました。そのためには2016年夏の参院選での野党共闘が不可欠であり、とりわけ1議席を争う1人区で野党統一候補が擁立できるかどうかがカギとなります。これまで野党が乱立したため、自民党が漁夫の利を占めてきたからです。

2016年2月19日、安保法成立から5ヵ月後に野党5党は国会内で党首会談に臨み、安保法の廃止と国政選挙での協力で合意しました。いわゆる「5党合意」です。これによって統一候補擁立が可能になりましたが、それを実現させたのは共産党による候補者の取り下げでした。

こうして、まるで突貫工事での「プレハブ造り」のように野党共闘が成立しましたが、その威力は絶大で11人当選という成果を上げました。3年前の2013年参院選で2勝29敗だった野党の戦績は11勝21敗と勝率を5倍以上に高めたのです。参院選の結果を見ても野党共闘の威力と効果は明瞭です。それを維持し、発展させていくことが今後の大きな課題だということになります

2 安保法の廃止と発動阻止に向けて

自衛隊は南スーダンから撤退し安保法新任務の訓練を中止すべきだ

安保法（戦争法）は2016年3月に施行されました。これによって自衛隊は戦闘に巻き込まれ、死傷者が出るかわからないようなリスクを抱えながらの活動を強いられることになります。このような危険な領域に足を踏み入れてはならず、南スーダンから直ちに撤退するべきです。

稲田防衛相は安保法で可能になった新たな任務について、自衛隊の各部隊の判断で訓練を始めることを明らかにしました。南スーダンの国連平和維持活動（PKO）に派遣され

る陸上自衛隊第九師団第五普通科連隊主体の部隊は9月25日から訓練を始めました。11月からは南スーダンに派遣され、それまでの任務に加えて「駆けつけ警護」と「宿営地の共同防護」という新たな任務が付与されています。

安保法については、日本が米国の戦争に巻き込まれたり、危険な任務に当たる自衛隊員のリスクを高めたりするとして批判されました。集団的自衛権の行使の容認には違憲性も指摘されていますが、これらの批判や指摘が実証されようとしています。

そもそも、駆け付け警護や宿営地の共同防衛が必要になるような危険な状況の下で、自衛隊の部隊が派遣されていることが大きな間違いなのです。南スーダンの実態は内戦というべきもので、ＰＫＯ部隊派遣の前提は崩れており、他国軍とともに宿営地を守る共同防衛は海外での武力行使に当たり、憲法9条に違反することになります。

安保法制定後、日本周辺の安全保障環境は悪化し、「抑止力」などは全く働いていません。安保法の成立によって、確かに「日米同盟の絆」は強化されたかもしれませんが、その結果、バングラデシュでは日本人7人が国際テロの標的として犠牲になるなど、安全は高まったのではなく急速に低下しつつあります。

さらなる犠牲者が出る前に、ブレーキをかけて方向転換するべきでしょう。急迫不正の侵害に対する拒否力としての「自衛」隊が、海外で殺し、殺される「外征軍」へと変質してしまう前に、既成事実化を防がなければなりません。

このままでは、日本という国の形が変わってしまいます。自由で民主的な平和国家としてのこの国のあり方は、安保法によってすでに変質を始めています。「壊憲」策動を許さないだけでなく、安保法の全面的な発動を阻止することが必要です。先の大戦で多大な犠牲を払い、それへの反省として手に入れた自由で民主的な平和国家としてのこの国の形を守るために……。

ミサイル防衛（MD）ではなく外交交渉を

北朝鮮は建国記念日に当たる16年9月9日に、核弾頭の爆発実験に成功したと発表しました。日本など周辺諸国にとっては深刻な脅威です。国連の安保理決議にも違反するこのような核実験と核兵器の開発は許されず、断固として糾弾しなければなりません。

この核実験に対して厳しい対応が行われていますが、それはほとんど「手詰まり」状態に陥っています。アメリカは韓国に対してB1戦略爆撃機の派遣や高高度迎撃ミサイル（THHAD）の配備、米韓共同演習など軍事的対応を強化していますが、それは逆効果です。

北朝鮮に対して、さらに強い圧力をかけて「締め上げ」ようとすれば、もっと強い反発が返ってくるだけでしょう。安全を高めようとして「抑止力」を強めれば強めるほど、それへの反発も大きくなって軍拡競争が激化し、結果的に安全が損なわれてしまうという「安全保障のパラドクス」から抜け出すことこそが必要なのです。

ここで重要なことは、ミサイル防衛（ＭＤ）で対抗することはできないということです。軍事的に対抗するのは不可能であるばかりか間違いで、唯一の解決策は外交的手段しかありません。

そもそも、日本は北朝鮮に近すぎます。この点で、遠く離れているアメリカなどとは決定的に異なっています。近いから、もし北朝鮮がミサイルを発射すれば7〜8分で着弾します。これをどうやって、撃ち落とすのでしょうか。移動式であれば、いつどこから発射されるか分からないものを。

ＭＤ構想は対応する時間が十分にあるという前提での議論ですが、そんな時間はありません。この「時間の壁」を突破できるということが証明されない限り、ＭＤについての議論は荒唐無稽なものとなります。

もし対応が可能であったとしても、迎撃ミサイルよりも多くの数が発射されればお手上げで、射程距離以遠には届かず、届いたとしても速度の速いミサイルを撃ち落とすのは技術的に難しく、日本国内で破壊すれば残骸が降り注ぐことになります。これらの問題を解決できるのでしょうか。

この問題を解決するためには、無駄なＭＤ構想などで国民に幻想を持たせず、対話と交渉の外交的手段しか解決策がないことを知らせなければなりません。北朝鮮を軍事的に挑発することのないように韓国やアメリカに進言し、必要なら無条件で直接対話に応ずる姿勢を示すようアメリカに要求するべきです。

日本が北朝鮮との国交正常化交渉を打ち切ってしまった過去の対応は完全な誤りでした。拉致問題の解決を優先するということで、交渉より制裁を選択したからです。日朝間の国交を回復していれば、その後の拉致問題についての進展も核やミサイル開発の経過も大きく違っていたでしょう。

北朝鮮を話し合いの場に引き出すことでしか問題解決の道はないということは、はっきりしています。しかし、そのような道を選ぶ意思も能力も今の安倍政権にはないというところに、本当の危機が存在しているのではないでしょうか。

歴史的教訓──アメリカとドイツの失敗

安保法制については様々な問題点が指摘されています。なかでも、これまで戦闘に巻き込まれず「殺し、殺される」ことのなかった自衛隊に新たな死傷者が生まれ、他国の人々に対する加害者になるのではないかとの懸念が増大しています。この点で、アメリカとドイツの失敗に学ぶことが重要です。

戦後アメリカにとって最大の失敗事例ともいえるベトナム戦争は、トンキン湾事件のでっちあげによって介入が本格化しました。最終的にはアメリカの若者5万8000人が命を失い、ベトナムの人々は100万人以上が犠牲になったとされています。

もう一つの失敗事例であるイラク戦争とアフガニスタンへの介入も、大量破壊兵器の開発・保有疑惑を理由に開始されました。しかし、イラクのフセイン政権は倒れましたが大量破壊兵器の所在は確認されませんでした。この二つの戦争でも、アメリカの若者約7000人が命を失い、帰還した兵士の多くも心的外傷後ストレス障害（PTSD）に悩まされています。

このように自国の若者の命を犠牲にして「自由と民主主義」のために戦ったアメリカはアジアや中東の人々によって感謝されたのでしょうか。そうではありません。かえって恨みを買いテロの標的として狙われました。2001年に発生した9・11同時多発テロがその典型的な事例です。この事件によって3000人が犠牲となり、日本人も24人が巻き添えとなりました。

日本と似たような戦後史を歩んできたドイツも、軍の海外派兵については痛恨の失敗を犯しています。というのは、ドイツ基本法（憲法）によって軍の出動は北大西洋条約機構（NATO）同盟国の「防衛」などに限られるとされ、NATO域外では活動できないと解釈されてきたにもかかわらず、その解釈を変えて中東地域に出動させてしまったからです。

このような解釈変更の契機となったのは1991年の湾岸戦争でした。ドイツが派兵しないことにアメリカから強い批判が噴出し、憲法裁判所は94年に連邦議会の事前承認を条件に域外派兵を認めてしまいました。その後、ドイツ軍はユーゴスラビア空爆に参加し、NATOや欧州連合（EU）、国連の活動範囲内で十数カ国に派兵し、特にアフガニスタンには毎年4000～5000人を派兵しました。

長年、集団的自衛権の行使を認めていなかったにもかかわらず過去の最高裁判決を持ち出して解釈を変え、内閣法制局のお墨付きをもらって閣議決定を行い、安保法を制定して海外派兵を可能にしてしまった安倍内閣と、うり二つではありませんか。

ドイツでも戦闘行為への参加には世論の反発が強かったと言います。そのため、当時のシュレーダー政権は米軍などの後方支援のほか、治安維持と復興支援を目的とする国際治安支援部隊（ISAF）に参加を限定しました。

しかし、現地では前線と後方の区別が曖昧で、多くは後方支援部隊にいながら死亡しています。戦闘現場と後方支援の現場を分けられるという考え方は幻想にすぎません。結局、兵士55人が死亡し、PTSD（心的外傷後ストレス障害）の患者が400人を超えるなどの深刻な結果をもたらしました。

これがドイツの経験であり、これから日本が向かおうとしている未来の姿です。ドイツではすでに実行され、多くの犠牲者が出てしまいました。日本ではこれからですから、今ならまだ間に合います。このようなおぞましい未来を招き寄せてもよいのか、そのような間違いを犯す可能性が大きい安保法の発動を許してもよいのかが、いま私たちに問われています。

③「壊憲」策動を阻止するために――憲法原理の破壊は許されない

まず運動の成果を確認することが必要

「壊憲」策動阻止の運動は、これから始まるのではありません。「壊憲」策動はこれまでも繰り返されてきましたが、その都度、反撃し撃退してきました。今日に至るまで現行憲法が維持されてきているという事実こそが、「壊憲」策動阻止の運動によってもたらされた紛れもない成果です。

だからこそ、「壊憲」勢力はさらなる攻勢を強めてきました。その急先鋒となっているのが安倍首相です。とりわけ、第2次安倍政権になってからは改憲に向けての意欲をむき出しにし、暴走を強めてきました。しかし、それに対しても反対運動や世論が高まり、阻止してきていることを強調しておきたいと思います。

その第1は、安倍首相が第2次政権の発足直後に打ち出した96条先行改憲論です。憲法第

96条をまず改定し、衆参両院の3分の2以上の多数が必要だという発議要件を過半数以上にして改憲のハードルを低めようとしました。しかし、これは「裏口入学ではないのか」との批判を受け、世論の支持を得られず挫折しました。

第2は、憲法審査会での審議の停止と開店休業です。第2次安倍政権で憲法審査会が再開されて議論が進められましたが、安保法案が国会に提出された翌月に開かれた憲法審査会で3人の憲法学者は、安保法案は「憲法に違反する」と明言しました。この証言は安保法案反対運動に火をつける形となり、それ以降、2016年11月に再開されるまで、憲法審査会は開店休業状態となりました。

第3は、9条改憲の後回しと「お試し改憲」論の登場です。安倍首相が最も望んでいるのは9条改憲ですが、それを後回しにして「緊急事態条項」の導入などで一度試してみようというのです。やりやすいところから手を付けて国民に「改憲グセ」を付けようというわけです。

しかし、「お試し」などという言葉にだまされてはなりません。「緊急事態条項」は議会の機能を一時的に停止し、首相に全権を与えて人権の一時停止を可能にする極めて危険な内容を含んでいます。その危険性はワイマール共和国憲法第48条の大統領緊急権を利用してナチスの政権獲得を助けたヒンデンブルク大統領の誤りが示している通りです。

一度試してみようというのは、9条改憲には反対が多くてやりにくいからです。そうなったのは安保法案反対運動がもたらしたものにほかなりません。この運動が高まり、とりわけ2000万署名に取り組む中で安保法や9条改憲の危険性が国民の間に浸透したからです。9条改憲についての世論の変化も、市民の運動によってもたらされた大きな成果だと言えます。

「改憲」と「9条改憲」の違い

改憲の可能性が強まり、次第に現実のものとして議論されるようになってくる中で、改憲と9条改憲の違いも明らかになってきました。この両者を区別することが重要です。

改憲とは、どこをどのように変えるのかという内容のいかんにかかわらず、文字通り憲法を変えることです。現行憲法は「不磨の大典」ではなく、96条という改憲手続き条項がある以上、改憲は可能であり、護憲を唱える人々も改憲そのものを否定しているわけではありません。

したがって、改定する条項や内容を特定せずに改憲そのものへの賛否を問えば、基本的には賛成が100％になってもおかしくはありません。それが『産経新聞』の調査でさえ4割程度（6月20日、改憲賛成43・3％、反対45・5％）にとどまっているのは、今の憲法に不都合はなく、わざわざ面倒な手続きによって変える必要はないと感じているからでしょう。

あるいは、すでに自民党の憲法草案が提案されていますから、そのような内容の改定なら反対だということなのかもしれません。改憲についての反対意見を増やすうえで、自民党の憲法草案は一定の役割を果たしているように見えるのは皮肉です。

また、改憲と言えば9条改憲のことだと考えて反対する人もいるでしょうし、改憲には賛成だが9条に手を付けることには反対だという意見も多いのです。安倍首相の下での改憲には反対だという意見もあります。

このように、改憲とは必ずしも9条を変えることだけではなく、自民党憲法草案のように変えることでもありません。改憲について賛成が多いからと言って、自民党や安倍首相が目指している改憲路線が支持されているというわけではありません。

これらの違いを無視してはなりません。その違いを区別することなく、十把一からげに改憲派だとするマスコミ論調に惑わされないように留意すべきです。この点をきちんと区別して、自民党改憲草案や安倍首相が目指しているのは「改憲」ではなく「壊憲」であることを明確にし、それへの反対世論を増やして安倍首相を孤立させることが必要です。

なお、9条を変えて自衛隊の存在を明記し、海外に派兵されてアメリカ軍などの「後方支援」をできる「外征軍」化や「国防軍」化に対する歯止めを書き込むべきだという改正論があります。専守防衛という「国是」を守りたいという気持ちはよく分かりますが、賛成できません。

自衛隊の存在は長年の自民党政治によって生み出されてきた反憲法的現実であり、その存在を憲法に書き込むことは、これを追認することになってしまうからです。自衛隊の存在は9条と矛盾していますが、9条を変えることによってではなく、反憲法的現実を少しでも9条の理想に近づけること、それが可能になるような内外情勢の変化を生み出す努力を行うことによって、この矛盾を解消していくべきでしょう。

「改憲」と「壊憲」を区別しなければならない

憲法をめぐる動向において、これから強まると思われるのは「壊憲」に向けての動きです。それは、これまでも「改憲」の装いを隠れ蓑にしてきました。この「改憲」と「壊憲」はどう違うのでしょうか。

「改憲」は憲法の文章を書き変えることです。明文改憲ではありますが、憲法の理念や原理に抵触するものではありません。つまり、「改憲」とは国民主権、基本的人権の尊重、恒久平和主義という「憲法の三大原理」を前提とした条文の変更のことで、それには限界があります。現行憲法の原理や理念を前提とし、自由で民主的な国家という国の形を保ったうえでの改定であり、それを踏み越えてはなりません。

『毎日新聞』の古賀攻論説委員長は2016年8月2日付の「社説を読み解く」という記

事で、「冷静な憲法論議の前提条件は」と題して「一口に憲法改正と言っても、理念・基本原則を対象にする場合と、統治ルールの変更を検討する場合とでは、論点の階層が根本的に異なる」と指摘しています。

そして、「毎日新聞はこれまでの社説で、戦後日本の平和と発展を支えてきた憲法の理念を支持しつつ、政治の質を高め、かつ国民が暮らしやすい国にするためのルール変更であれば前向きにとらえる立場を表明してきた」とし、「権限が似通っている衆参両院の仕分けや選挙方法の見直し、国と地方の関係の再定義など統治機構の改革を目的にした憲法改正なら、論じるに値するテーマと考える」と述べています。

民進党の岡田代表は2016年6月6日、違憲立法審査権の充実などに言及し、「より司法の役割を重視することは一つの議論としてある」と語りました。これが通常の「改憲」です。このような改憲であれば拒む必要はありません。ただし、それが「本丸」としての9条改憲の呼び水にならないように警戒しながらではありますが。

これに対して、「壊憲」は憲法の文章を変えるだけでなく、原理や理念をも変えようとしています。つまり、「壊憲」とは「憲法の三大原理」を前提としない条文の変更であり、それには限界がありません。現行憲法の原理や理念を破壊し、自由で民主的な国家という国の形を変えてしまう憲法条文の書き換えを意味しています。9条改憲はその典型であり、安倍政権が目指しているのはこのような憲法の破壊、すなわち「壊憲」にほかなりません。

現行憲法の前文には、「これは人類普遍の原理であり、この憲法は、かかる原理に基づくものである。われらは、これに反する一切の憲法、法令及び詔勅を排除する」と書かれています。この「原理」こそ憲法の3大原理であり、今日の日本が到達した自由で民主的な平和国家としての国の形を壊すような「壊憲」は許されません。

戦後、何回も憲法を書き換えてきたドイツの基本法（憲法）にも改憲についての限界が示されており、その枠内での改憲であったことを忘れてはなりません。第79条は第1条と第20条に定められている諸原則に抵触するような改正は許されないとし、人間の尊厳、人権、民主的かつ社会的連邦国家という原則を明示しています。それが破られようとするときには「抵抗権を有する」としているように、基本法の諸原則を「壊す」ような「壊憲」は、ドイツ憲法によっても排除されているのです。

自民党憲法草案の撤回が前提

このような「壊憲」の狙いは、２０１２年5月10日に憲政記念会館で開かれた極右団体「創生『日本』」の第3回東京研修会での発言にはっきりと示されています。この場で、第1次安倍内閣で法務大臣を務めた長勢甚遠議員は、「国民主権、基本的人権、平和主義、この三つはマッカーサーが押し付けた戦後レジームそのもの、この三つをなくさないと本当の自主憲法にならないんですよ」と力説していました。この会合には、安倍首相はじめ、衛藤晟一元内閣総理大臣補佐官、城内実元外務副大臣、稲田朋美元政調会長、下村博文元文科相も同席しています。

憲法第96条に基づく「改憲」はありえます。しかし、憲法の理念を破壊する「壊憲」は許されず、発議することもできません。この点をはっきりさせることが、憲法論議の前提です。憲法について論議するのは「改憲」についてであって、「壊憲」についてではありません。このことを自民党は明確にするべきであり、野党の側もそれを求めなければなりません。

しかも自民党は、国家主義と復古主義、国民の権利や人権制限の色彩が濃厚な憲法草案を提案しています。それは帝国憲法の復活だと言われていますが、そうではありません。それ以下の内容で、戦中の軍部独裁と総力戦体制を条文化したようなものとなっています。憲法の原理や理念の変更に遠慮なく踏み込んでおり、近代憲法以前の内容です。

改憲案は、為政者への憲法尊重擁護義務から国民に対する尊重義務へという立憲主義の逆転、天皇の元首化による国民主権の否定や国旗・国歌の強制、「歴史・文化・伝統を踏まえた」人権論や天賦人権説への異論など基本的人権への無理解、「公益及び公の秩序」規定による表現の自由に対する制限などが目立ちます。

このほか、第18条（いかなる奴隷的拘束も受けない）や第97条（人権の永久不可侵規定）の削除、前文と9条2項の書き換えによる平和主義の変質と自衛隊の「国防軍」化・「外征軍」化、個人の否定と古色蒼然とした家族・共同体観に基づく家族責任の導入なども盛り込まれています。

この改憲案は民主国家としての憲法草案とは思えない内容に満ちており、保守色が強すぎます。自民党の保岡興治憲法改正推進本部長ですら、「保守的な考え方を強調して支持を広げるという目的があったと思うし、政治色がありありと出ていたかなと思う」と述べて「撤回するという性質のものではないが、固執はしない」（『朝日新聞』２０１６年11月1日付）と、「棚上げ」の意向を示しました。

したがって、憲法理念を否定する自民党憲法草案は論議のたたき台にならないし、そうしてはなりません。安倍首相も6日6日、「そのまま案として国民投票に付されることは全く考えていない」と述べています。それなら、憲法審査会を再開させる前提として、この憲法草案を破棄または撤回するべきです。

４「護憲＋活憲」による憲法運動の発展

「活憲」による憲法再生と将来ビジョンの構築を

今から12年前、私は『活憲――「特上の国」をめざして』（山吹書店・績文堂、２００５年）という本を出しました。その「はしがき」には、「憲法は護らなければならない。しかし、それだけでいいのか？」という問いと、「護るだけでなく、日々の暮らしに活かすことこそ必要だ」という回答を記しています。

「改憲を阻むだけでは、現実がそのまま残るだけ」であり、「その現実は、長年の『反憲法政治』によって、憲法の理念と大きく乖離してい」るから、それを放置するのではなく、「現実も変えていくことが必要」なのです。これが「活憲」であり、「憲法の基本理念に基づいた政治を実現し、憲法を日々の暮らしに活かすこと」にほかなりません。

憲法を活かし憲法を再生させることによって、本来の可能性を全面的に開花させればどのような明るく素晴らしい未来が開けてくるのかというビジョンを打ち立てる必要がありました。こうして、守勢から攻勢へと憲法運動の発展を図ることが求められています。

そのために必要なことは、憲法についての学習を深めることです。小さなグループで自民党憲法草案と現行憲法との対照表を用いてじっくり比較するのが良いと思います。憲法とはどうあってはならないかを実際に条文化した格好の教材が自民党の憲法草案であり、それと対比しながら各条文の意味や意義を学べば憲法に対する理解が一段と深まるでしょう。そのことによって、「壊憲」が生み出す社会の恐ろしさと現行憲法が目指している社会の素晴らしさが認識されるにちがいありません。

また、安保法の発動や米軍基地の強化、自衛隊の増強などに反対し、平和を求める9条理念の具体化を図ることです。基本的人権の尊重などの憲法理念についても、その具体化を目指さなければなりません。ヘイトクライムや障害者、女性、少数者への差別などに反対して人権を守ること、マスメディアへの介入や規制を許さず報道の自由や知る権利を擁護すること、政治的中立を名目とした集会規制や教育への介入などを許さないこと、非正規労働者の処遇改善やブラックバイトの是正、職場での労働者の権利拡大、人間らしい労働(ディーセント・ワーク)の実現など、社会生活と労働の各方面における民主主義の確立に努めることです。

憲法が保障する権利や自由、民主主義が行き渡っていけば、どれほど風通しが良く、希望にあふれた社会に変わるのか。そのような展望とビジョンを示さなければなりません。憲法が蹂躙されている「今」を告発するだけでなく、それが活かされた場合の「明日」を豊かに描くことによって、初めて憲法が目指している社会に向けての夢と希望が湧いてくるのではないでしょうか。

自衛隊をどうするか

「活憲」の中でも最大の課題は、自衛隊をどうするかという問題です。前述したように、改憲には賛成でも9条改憲には反対だという立場や9条改憲に賛成でもそれは自衛隊の国防軍化や外征軍化を阻止するための改憲だという意見があります。このような人々も味方にして「壊憲」阻止勢力を拡大するには、この問題についての回答を示さなければなりません。

そのためには、自衛隊の位置付けと役割を明確にする必要があります。憲法9条の理念から言えば、自衛隊の将来的解消を展望する必要があるでしょう。一方でたとえば、「自衛隊を活かす会」は「自衛隊を否定するのでもなく、かといって集団的自衛権や国防軍に走るのでもなく、現行憲法のもとで生まれた自衛隊の役割と可能性を探り、活かす道」を「提言」しています。これなどを参考にした政策の緻密化が求められます。

そもそも、自衛隊の本質はアメリカに従属する「戦闘部隊」ですが、同時に「災害救助隊」としての性格も併せ持っています。前者が主たる任務で後者が副次的任務となっており、将来的にはこれを逆にするべきですが、実際にも「災害救助隊」としての自衛隊の有用性が高まっています。

阪神・淡路大震災以降、自衛隊は災害救助面で大きな役割を発揮し、東北大震災や熊本地震での活動などもあって副次的任務への評価が増しているという変化があります。自衛隊に入隊する若者の志願動機の多くは「人の役に立ちたい」というもので、それは被災者を救うことにほかなりません。

また、「戦闘部隊」としても、9条に基づく「専守防衛」を国是としてきた自衛隊の任務は外敵による急迫不正の侵害から国土を防衛することであり、海外での任務遂行は前提とされてきませんでした。そのような「自衛」隊を海外の戦地に送り、戦闘に巻き込まれるようなリスクを高めてはならないというのが、安保法に反対する論拠の一つです。

つまり、安保法の成立による自衛隊の変質への批判と抵抗は、自衛のための戦闘部隊としての位置づけを前提とするものです。そのうえで、自衛隊をどう活かしていくのか。今後、自衛隊の役割と位置づけについての再定義が必要となるでしょう。それは野党共闘による新しい政府が採るべき安保・防衛政策を練り上げていく作業でもあります。

これについて私は、前掲の『活憲』という拙著の中で、自衛隊を段階的に再編・縮小して「数万人規模の国際緊急救助隊を編成」すべきことを提案したことがあります。周辺諸国との関係改善や緊張関係の除去がその前提となります。軍事的な手段とは異なる方策を通じて日本の安全を守ろうという志向性を持った新しい政府が実現しなければ、このような非軍事的安全保障構想の具体化に向けて歩みだすことはできません。

「壁」の高さと「ブレーキ」の効き具合

衆院憲法審査会の保岡興治会長（自民党）は2016年7月30日に共同通信のインタビューに答えて、「首相は改憲を主導する立場にない。スケジュールは審査会幹事会の（与野党の）議論を尊重して決める。現時点で明確にしようとしても無理だ」と述べています。改憲に向けての動きが期限を決めて一瀉千里《いっしゃせんり》に早まるという状況にはありません。

さし当り、3つの「壁」ないしは「ブレーキ」が存在しています。

第1には、安倍政権を支える二階俊博幹事長など、改憲消極派の存在です。二階幹事長は憲法改正について「急がば回れだ。慌てたら、しくじる」と述べ、「首相の政治的信条は分かるが、強引にやっていくスタイルは受け入れられない」と指摘しています。

第2には、与党内における公明党の存在です。山口那津男代表は「公明党は『加憲』の立場です」としつつ、「基本的人権の保障が一番の憲法の意義です。それをいたずらに抑制・制限しない統治の仕組みを定めていく」として「壊憲」には反対する立場を明らかにしています（『毎日新聞』2016年8月7日付）。微妙ではありますが、改憲勢力とされる

改憲世論の推移

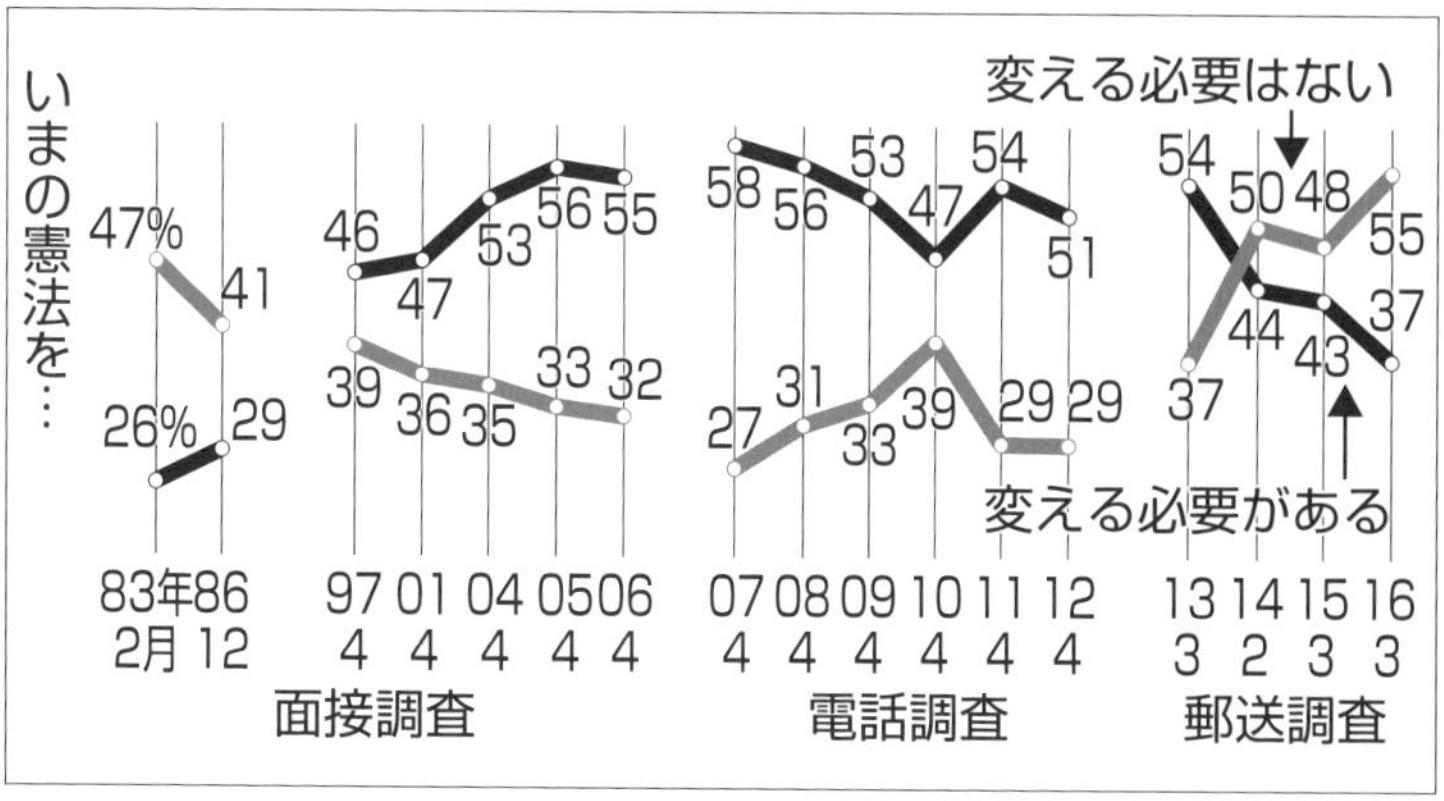

出所：『朝日新聞』2016年5月3日付。

おおさか維新の会も9条改憲を前面に出しているわけではなく、統治機構の再編など「壊憲」とは異なった構想を示しています。

第3には、国民世論の動向があります。世論は改憲に積極的ではなく、安倍政権での憲法改正について「反対」が49％で「賛成」は38％となっています（『日経新聞』２０１６年7月25日付）。しかも、最終的には国民投票で過半数の賛成を得る必要があります。この世論の「壁」を乗り越えなければ、通常の「改憲」にしても安倍首相が狙う「壊憲」にしても夢物語に終わります。

むすび

『毎日新聞』の曽我豪編集委員は「実際いま、『3分の2』の側を取材して感じるのは、勝者の高揚感ではなく、困惑や緊張、自省と言った感情である」とし、「大きな図体の維持や運営に失敗すれば、かえって、改憲が遠のくからだろう」と書いています（2016年8月7日付「日曜に想う」）。「浮き」が水面下に引き込まれたのを確認して慎重に竿を引き上げようとしている釣り師のようなものかもしれません。一旦ばらしてしまえば、二度と釣り上げるチャンスがめぐってこないことを良く知っているからです。

悲願としてきた「壊憲」の野望を実現する可能性が高まり、安倍首相は「いよいよ着手できる」と胸を高鳴らせているにちがいありません。しかし、改憲勢力が3分の2を占めたとは言っても、憲法のどこをどう変えるのかという点については様々で、選挙中の沈黙を破って改憲を無理強いすれば改憲勢力内の不協和音を生み、公明党の反発を強め、野党の批判と国民世論の抵抗を高めるリスクがあります。

安倍首相にすれば、念願の改憲を急ぎたいけれど、さりとて世論の反発を招いて国民投票で否決されるリスクを強めるような冒険は避けたいと考えているにちがいありません。ここで求められているのは、慎重に急ぐという難しいかじ取りです。このジレンマの中でどうするのが最善かを、いま見極めようとしているのではないでしょうか。

安倍首相や「壊憲」勢力の前には「壁」があり、一定の「ブレーキ」も備わっています。その壁がどれほどの高さであるかは分かりません。ブレーキがどれほどの効き具合かは不明です。

しかし、確かなことは、その壁を高くするのも低くするのも、ブレーキの効き具合を良くするのも悪くするのも、私たちの運動次第だということです。そして、最終的に勝利するのは世論を味方につけた側なのです。

「改憲勢力3分の2突破」という報にたじろがず、「危険水域」に入ったことに悲観せず、さりとて自らの力を過信して楽観せず、彼我の力関係を冷静に見極めながら世論に働きかけていく以外にありません。このような地道な憲法運動こそが「壊憲」を阻むだけでなく、民主的な政府の下での憲法理念の具体化という「活憲」に向けての新たな地平を拓くにちがいないのです。

第3章　今日における社会変革の担い手は誰か
――なぜ多数者革命なのか

はじめに

２０１５年、安保法案（戦争法案）に反対する運動が大きな盛り上がりを示しました。国会正門前だけでなく全国津々浦々で、老いも若きも、男性も女性も、学者も青年・学生も、「戦争法は憲法違反だ」との声を上げました。

戦争法案に反対するという一点で、それまで実現することができなかった野党、諸団体・個人の共同が実現し、共産党によって戦争法廃止の連合政権という構想も打ち出されました。これを契機に夏の参議院選挙に向けて野党間の選挙共闘が拡大し、新たな政治変革に向けての動きも強まってきました。

このような「２０１５年安保闘争」の高揚の中で、「これは現代における市民革命ではないのか」という声が聞かれるようになりました。果たしてそうなのでしょうか。今日における社会変革の条件と課題、その可能性という視点から、これらの問題を考えてみることにしましょう。

1 市民と市民革命

革命とは何か

革命とは、本来、「天命が革《あらた》まること」（広辞苑）ですが、根源的で巨大な変化を指しています。産業革命やＩＴ（情報技術）革命などという場合には、このような意味になります。それまでの産業や技術のあり方が、根本的に転換する大きな変化が生み出されるからです。

これに対して、政治の世界では、それまで支配されていた階級（被支配階級）が支配している階級（支配階級）を倒して政治権力を握り、政治・経済・社会体制を根本的に変えることを意味しています。一言でいえば、支配階級から被支配階級への権力の移動です。これも、政治や社会のレベルにおいて根源的で巨大な変化を生み出すことになります。

歴史的には、イギリスの清教徒（ピューリタン）革命と名誉革命、アメリカ独立戦争、

市民革命の歴史

1649年	イギリス清教徒革命
	国王チャールズ1世を処刑して共和制に移行
1660年	チャールズ2世がオランダから帰国して王政復古
1688年	イギリス名誉革命
	ジェームズ2世がフランスに亡命
	「権利の章典」の公布によって立憲君主制が成立
1776年	アメリカ独立戦争
	大陸会議でイギリスからの「独立宣言」を採択
1789年	フランス革命
	バスチーユ監獄の襲撃
	封建制廃止令
	国民議会で「人権宣言」を採択

フランス革命などが知られています。これらはいずれも、封建的な支配階級から新興産業ブルジョアジーや地主、農民、都市労働者などの被支配階級への権力の移動でした。中心になったのが都市に居住する市民でしたから、市民革命と呼ばれます。

とりわけ良く知られている典型的な市民革命はフランスで起こった革命でした。それまでの封建的な旧制度（アンシャンレジーム）の打倒を目指してパリの市民が立ち上がり、バスチーユ牢獄を襲撃して革命の火ぶたを切ります。権力を握った市民は「人権宣言」を発し、封建的な身分制度や王制を廃止しました。

革命の条件

このような革命は、人々の願望や主観的な思いだけで引き起こされるわけではありません。それにはいくつかの客観的な条件が必要です。

第1は、支配されている階級に属する人々が、それまでの支配を望まなくなることです。いつの世でも政治に対する不平や不満はありますが、それが支配階級全体に向けられることも被支配階級の大部分に及ぶことも多くはありません。しかし、巨大な不満が蓄積され、現状維持を望まない人々が多くなればなるほど、革命の条件は成熟することになります。

第2は、支配している階級がもはや支配を維持することができないほどに矛盾が高まることです。支配階級が統治能力を失い、被支配階級の不満を解決することも支配の危機を回避することもできない場合、支配階級の一部からも変革を求める声が上がってきます。このような内部崩壊が進めば進むほど、革命の条件は増大することになります。

第3に、このような被支配階級と支配階級との矛盾や対立が増大した結果、人々の行動力が急速に高まり、自覚的に現状を打破しようとする人々（変革主体）が登場することです。その結果、社会が流動化し、人々の行動力が高まり、政治の変革を求める人々が増えれば増えるほど革命に近づくことになります。

変革主体としての現代的市民

革命には、政治を変えて次の社会を担うことができるような新しい勢力が必要です。政治を変える主人公となる人々ですから変革主体と言います。かつては都市に居住する一部の市民でしたから市民革命と呼ばれました。今日では大衆化した市民、労働者階級を中核とする現代的市民が変革主体となります。

そのためには、かつての市民が保持していた「財産と教養」の今日的な形態、すなわち一定の収入と時間、そして知識と情報が必要です。安定した収入がなければ自立した生活を営むことができず、社会に関心を向ける余裕も失われがちです。たとえ関心があっても、時間がなければ社会のために行動することができません。知識と情報がなければ主権者として判断することも決断することもできなくなります。

生活できる賃金と労働時間の短縮、知る権利の確立と正しい情報の取得、情報のリテラシー（読み書き能力）は、変革主体としての現代的市民にとって不可欠の条件です。これなしには、政治の現状を正しく理解し、その変革を求めて発言することも行動することも困難になるからです。

2 現代の市民革命としての多数者革命

機動戦から陣地戦、そして情報戦へ

かつての市民革命の多くは市民が武器を持って立ち上がる形で実行され、広範な市民が街頭でたたかう機動戦が展開されました。しかし、今日の社会では、非暴力による権力移行の道が制度化されていますから、民主的なルートを通じて支持を拡大し、権力の取得を目指す陣地戦に変わりました。暴力的な手段を用いれば正当性を失い、かえって支持を得られなくなりますから、そのようなやり方は断じて拒否しなければなりません。

陣地戦にとって情報の役割は極めて大きく、同意を調達して社会の中での影響力を拡大していくうえで決定的な意味を持つようになってきています。それを知っているからこそ、支配階級はマスメディアに対する介入を強め、統制することによって情報を操作しようとするわけです。

これに対して、私たちも知る権利を駆使しながら、正しい情報の取得と発信に努めなけ

ればなりません。インターネットやＳＮＳなどのＩＴ（情報技術）手段が運動の武器として有効であることは戦争法案反対運動によって示されました。また、「保育園落ちた日本死ね」というネットでのつぶやきも政治を動かす大きな力になっています。

現代市民革命の条件

現代における市民革命は直接社会主義を目指すのではなく、民主主義の徹底を課題とする民主主義革命として実行されます。

その条件は、第1に多くの国民が現状への不満と批判を高め、今の政治の継続を望まなくなることです。安倍内閣に対する支持率は高くても過半数には届かず、消費税再増税、アベノミクス、待機児童解消、安保関連法、米軍普天間飛行場移設など個々の政策課題について世論は政府を支持していません。原発再稼働についても同様で、朝日新聞の２０１６年3月調査によれば、反対は59％（賛成28％）で過半数を越えています。選挙での得票でも、先の衆院選における有権者内での自民党の得票率は小選挙区で24・5％、比例代表では17％にすぎませんでした。

第2に、安倍政権が統治能力を失い、これらの問題を解決できなくなって矛盾を深めていることも明らかです。その結果、戦争法については自民党の幹事長経験者や官僚・最高

個別問題に対する世論

（単位%）

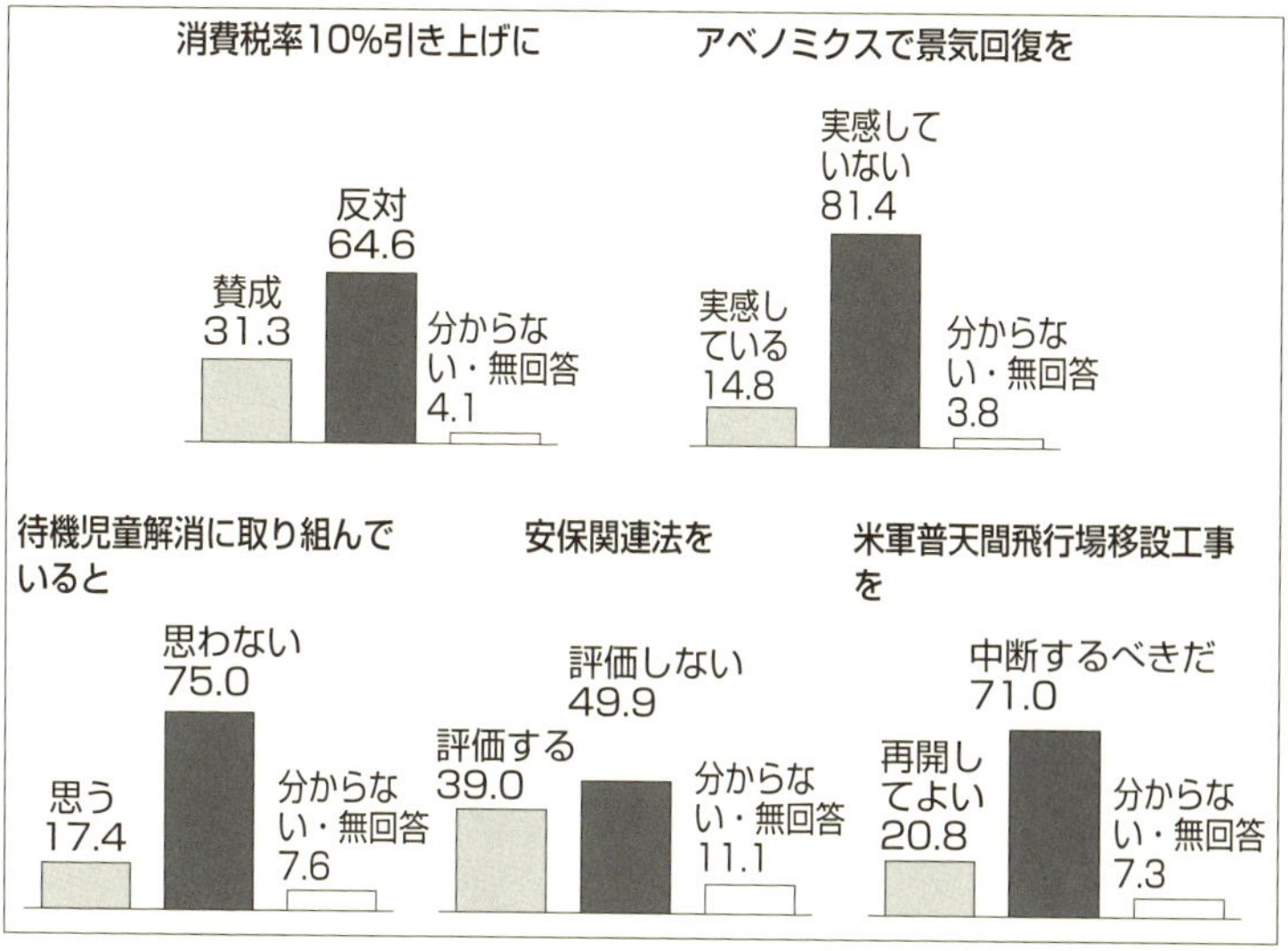

出所：共同通信2016年2月調査

裁長官・法制局長官のOBなど支配階級の一部からも異議申し立ての声が上がってきました。甘利明経済再生相の辞任など、相次ぐ不祥事や失言などは一種の内部崩壊の現れであると言って良いでしょう。

第3に、戦争法案をめぐって矛盾や対立が激化した結果、人々の行動力が急速に高まり、「2015年安保闘争」とも言うべき高揚を示しました。これまで政治に関わらなかった多くの青年・学生や学者、弁護士、タレント、若いママさん、一般の市民などが国会正門前などに詰めかけ、全国津々浦々での運動も広がりました。その階層的地域的な幅の広さはかつてないものです。

3 多数者革命の課題と可能性

多数者革命としての現代的市民革命

　このような現代的市民革命は、一部の戦闘的な人々によって担われた近代市民革命とは異なって多数者革命としての本質を持っています。民主主義社会において「数の力」は極めて重要であり、被支配階級が多数となって支配階級の権力を奪うことが必要だからです。そのためには議会での多数を占めて新しい政府を樹立しなければならず、共通の課題に基づく行動の統一と持続的な国民の共同、すなわち統一戦線が不可欠です。ただし、このようにして成立した政府は革命の達成そのものではなく、それに向けての過渡的政府としての性格を持ちます。

　議院内閣制を採っている日本では、国会での多数議席を獲得することが不可欠で、新しい政府を樹立するためには衆議院での過半数の議席は絶対条件です。加えて参議院でも多数の議席を獲得しなければ「ネジレ」現象が生じ、法案の成立が困難となって安定した議会運営ができなくなります。

このような議会での多数派を形成するには、社会の中での多数派にならなければなりません。「草の根」での力によって政府を支えることが必要だからです。しかし、社会的な多数派がそのまま国会内での多数派になるとは限りません。小選挙区制という選挙制度では社会内での意見分布と議会内での議席分布とが食い違ってしまうからです。

この食い違いによって、国民に支持されていない政党が権力を維持し続けることが可能になっています。このようなカラクリを是正して、両者が一致できる比例代表制のような選挙制度に変えなければなりません。

選挙共闘と可視化

選挙制度の改革と同時に、制度が現状のままでも勝利できるような工夫をすることも必要です。そうしなければ、いつまで経っても現状を変える力が生じないからです。このような工夫の一つが選挙共闘であり、変革の推進力としての統一戦線を選挙において実践することにほかなりません。小選挙区でも勝利できるように候補者を１人に絞り、１対１のたたかいに持ち込めば勝利する可能性が出てきます。

選挙で勝利するためには、人々に政治の矛盾や問題点を知らせなければなりません。そのために何よりも必要なことは可視化であり、誰の目にも見えるようにすることです。集会やデモ、署名、口コミなどによって、個々人にではなく政治や社会にこそ問題があるのだということ、それを変えなければ矛盾は解決しないのだということを、多くの人に分かってもらわなければなりません。

そうして、初めて人々は目覚めるのです。２０１５年に展開された「15年安保闘争」は現代の市民革命（民主主義革命）への扉を開く歴史的たたかいでした。このたたかいがそうであったように、事実を知ることによって人々は立ち上がります。その時にこそ、現状打破を目指す新しい力が生まれ、多数者革命による社会変革に向けての新しい可能性を切り開くことができるにちがいありません。

黙っていられなければ口を開き、じっとしていられなければ一歩を踏み出せばよいのです。そのような流れが一つにまとまれば、市民と野党との共闘の広がりを実現できるにちがいありません。このような共闘こそが変革主体を鍛え上げ、日本社会の混迷と閉塞を打開する唯一の活路なのです。

第4章　労働組合運動はなぜ重要なのか

はじめに

「いまさら労働組合なんて」と思っている人がいるかもしれません。労働組合運動の低迷もあって、労働という言葉も労働組合運動についても、今やマスコミでは「死語」扱いになっているからです。

しかし、働くことも働く人々も増えており、その人々の環境や条件が大きく改善されたわけでもありません。また、2015年の戦争法に反対する運動では、自治労や日教組が参加する連合系の「戦争をさせない1000人委員会」や全労連などが加わる「憲法共同センター」、市民団体という3つの潮流による「戦争させない・9条壊すな！総がかり行動実行委員会」が中心になったように、労働組合も「縁の下の力持ち」として重要な役割を果たしました。

それなのに、なぜ「死語」となってしまったのでしょうか。「死語」としてしまったままで良いのでしょうか。労働組合とは何か、その運動はどのような課題を持ち、なぜ重要なのか。基本に立ち返り、この問題について考えてみることにしましょう。

1 労働組合とは何か

大衆的で階級的な団体

働く人々が自らの利益や要求の実現を目指して団結する組織が労働組合です。思想・信条や政党支持などに関わりなく誰でも入れる大衆的な組織であると同時に、資本家階級による搾取と抑圧に反対してたたかう階級的な組織です。その基本的な原則は、資本からの独立、政党からの独立、一致する要求に基づく行動の統一の3点です。

構成員の利益の実現を目指して活動する点では、労働組合も他の利益団体と基本的には変わりませんが、ただ一点だけ、大きな違いがあります。それは生産活動を止めることによって資本家に圧力をかけることができるということであり、これがストライキと呼ばれるものです。

労働組合は憲法や法律で保護されており、スト権が確立されていれば、労働組合の正当な権利としてストライキが認められています。このような強力な武器を背景に、労働組合は要求実現の活動を行います。これが労働組合運動の原点であり、その力の源泉はここにあります。

労働組合の目的

労働者は自分の働く能力（労働力）を売ることによって初めて対価（賃金）を得ることができます。しかし、両者の力関係は対等ではありません。労働力は労働者の身体に属しているために保存することができず、働きたい人が沢山いてバラバラに交渉すれば安く買いたたかれてしまうからです。

このような不利な条件を克服するとともに、搾取と抑圧の制度そのものをなくすことを目指して労働組合が誕生しました。皆が入って団結すれば競争を抑制でき、困った時には助け合え、ストライキを背景に集団で交渉（団体交渉）すれば対等な立場になれます。また、搾取制度をなくして新しい社会をつくるために、政治を変える統一戦線運動の一翼を担うことも労働組合の大切な目的になっています。

同じような仕事をしている労働者を幅広く仲間にすれば、団結力が高まり交渉力も強まります。同じ産業で働く人々を中心に組織するのが産業別労働組合で、同じ企業や事業所などで働く人々を組織するのが企業別労働組合です。日本の労働組合は企業内や企業グループごとに組織されている場合が多く、企業の利害にとらわれやすいという弱点を持っています。

2 労働組合運動の領域

経済的な領域

労働組合運動が活動するのは、まず第1に経済的な領域です。雇用・賃金などの労働条件は労使間の交渉を通じて決まります。これは産業や企業内部で自主的に、また日常的に取り組まれます。

日本の場合、とりわけ賃金や労働時間などに関わる交渉は春に足並みを揃えて実施されるのが通例になっています。これが春闘（「春季闘争」「春季生活闘争」「春季労使交渉」などの略）で1955年から始まりました。この春闘などの集団的な交渉を通じて、毎年、その年の賃金や労働時間などが決まります。

政治的な領域

第2に、政治的な領域があります。雇用の形態や失業補償、最低賃金、労働時間の規制などに関わる法律や制度を改善するために、政府や自治体を相手に取り組む必要があるからです。労働条件の改善のためにも搾取をなくすためにも、労働組合は経済闘争と政治闘争を統一して取り組まなければなりません。

具体的には、労働基準法・労働組合法・労働関係調整法という労働3法など労働関連の法律や制度についての政策・制度闘争、労働の規制緩和や非正規労働者の拡大に反対する運動、税制や社会保障制度に関わる運動などです。また、一致した要求に基づく労働組合と政党との協力・共同は、要求実現のためにも平和を守り民主主義を確立するためにも必要です。

思想的イデオロギー的な領域

第3は、思想的イデオロギー的な領域です。労働組合の団結や活動のあり方にとって組合員の考え方や感じ方は重要な意味を持つからです。労働組合員の政党支持は自由で、労働組合は組合員の政治活動の自由を保障しますが、同時に、学校教育やマスコミ、企業内教育などを通じた政府や財界からの思想的な攻撃に反撃する必要があります。

このような思想的な攻撃は、搾取・対立関係を否定する労資協調主義、悪いのは自分だと思い込ませることで権利意識をマヒさせる自己責任論、共産党に対する偏見と敵視を振りまいて団結を阻害する反共主義などの形で現れます。これに打ち勝って、労働者の階級的な自覚を高めるためには、社会の仕組みや労働組合運動の意義と重要性についての学習活動が欠かせません。

職業的専門的能力の向上

これに加えて、職業的専門的能力の向上にも取り組む必要があります。とりわけ職能的な労働組合にとって、専門的な能力を向上させたいという組合員の要求に応えることは重要です。

その他の職能的でない労働組合であっても、職業人としての技術や能力を身に付け、向上させるための職業教育に取り組むことが必要です。職業人として職場の信頼を勝ち取るためにも、技術の発展に遅れないためにも、労働組合としてもきちんと位置付けてこのような能力の向上に取り組まなければなりません。

3 労働組合運動が取り組むべき課題

雇用の量と質の確保

労働組合運動が取り組むべき課題の第1は、雇用の量と質の確保です。働く意思を持つ人がすべて働けるような雇用の場を確保すること、解雇や失業などによって職を失うことのないようにすることなどの雇用拡大と継続雇用の維持に取り組むことが必要です。同時に、雇用者の責任が曖昧で劣悪な賃金や労働条件であったり、期限が切られていたり（有期雇用）、いつ雇い止めになるか分からないような不安定な非正規雇用であったりしてはなりません。期限について定めのない直接雇用であること、失業しても生活を維持し再就職できるようにする失業補償と職業訓練を充実させることも必要です。

生活できる賃金の取得

第2は、生活できる賃金の取得です。賃金は労働力の価格として支払われますが、それは働く人々の生活が維持されるだけでなく、通常の家庭生活を営んで次の世代を養育できるだけの水準でなければなりません。正規と非正規の均等待遇や同一労働同一賃金の実現、最低賃金の引き上げも必要です。

働いて得た賃金があまりにも少なく、まともに生活できないような「ワーキングプア」が増えれば労働者の世代継承が困難になり、持続不可能な社会になってしまいます。少子化の背景には低賃金の問題があり、非正規でも生活できる賃金の保障は働く人々だけでなく使用者を含めた社会全体の課題となっています。

生存を脅かさない労働時間の実現

第3は、生存を脅かさない労働時間の実現です。長時間にわたる過密な労働は、働いている労働者本人の健康や精神を蝕んで過労死や過労自殺、メンタルヘルス不全などの社会問題を生み出しています。このような健康破壊は、せっかく育てた労働力を活用できなくなるわけですから、企業にとっても大きな損失です。

長い労働時間や通勤時間によって帰宅が遅れれば、まともな家庭生活を営むこともできなくなります。余暇を過ごしたり、育児など子どもと共有する時間を確保したり、政治や社会の問題に取り組んだりすることは、普通の市民として生活するための最低限の条件です。労働時間を短縮して家庭での生活時間を確保することは、働く人々の健康を維持するだけでなく、日本の社会をまともにするために必要な不可欠の課題になっています。

労働と生活を支えられる社会保障の実現

第4に、労働と生活を支えられる社会保障の実現です。働く人のライフステージに対応して必要となる経費や生活費は年齢に応じて変化します。結婚して家庭を持ち子どもが生まれたり、親の介護が必要になったり、加齢によって病気がちになったりすれば、それに対応した費用が必要になります。

これらは年功的な賃金によって確保されてきましたが、能力主義による成果・業績主義賃金が主流になれば、行政によって社会的に下支えされなければなりません。このような課題は労働組合運動が企業の枠を超えて政治にも働きかけることが必要になる背景の一つにもなっています。

労働組合の組織化

労働組合推定組織率の推移（1947~2016年）

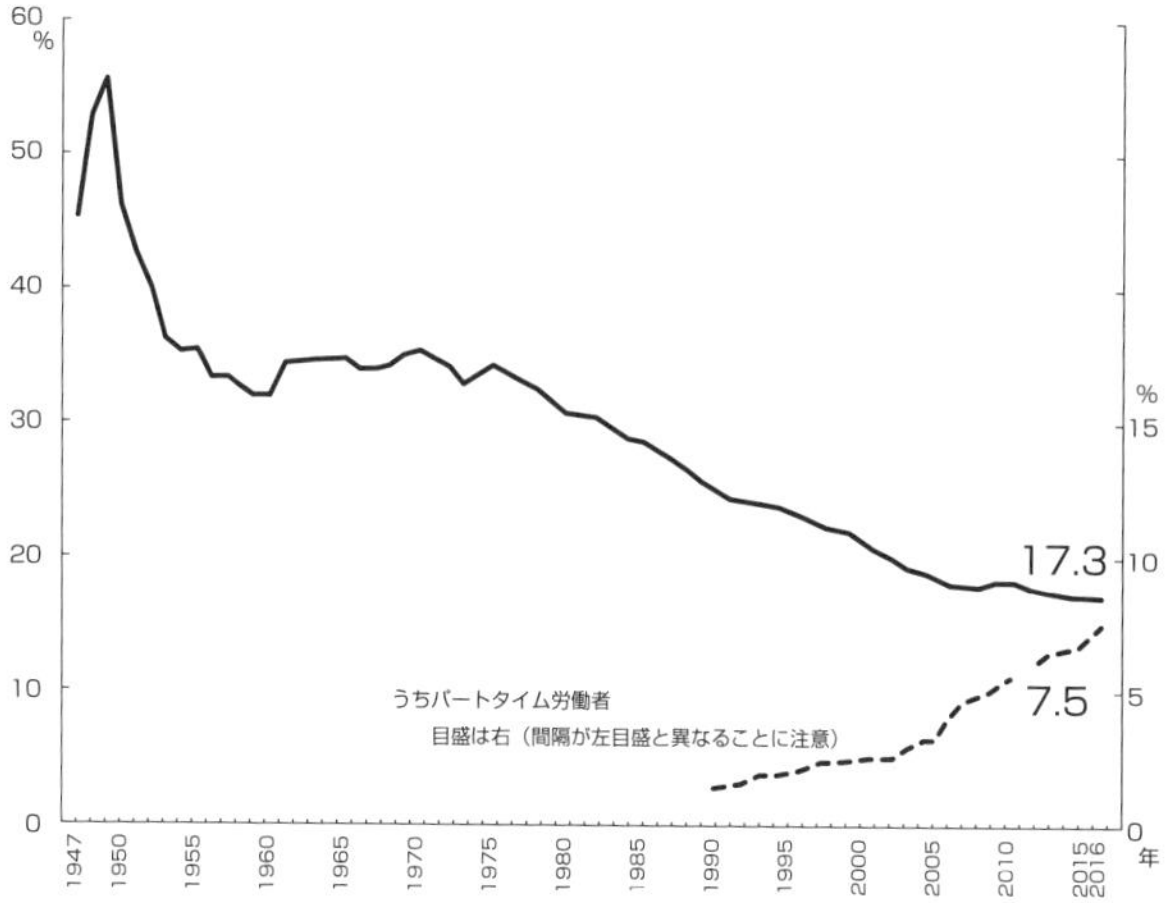

出所：厚生労働省「労働組合基礎調査」。

労働組合員数の推移（1947~2016年）

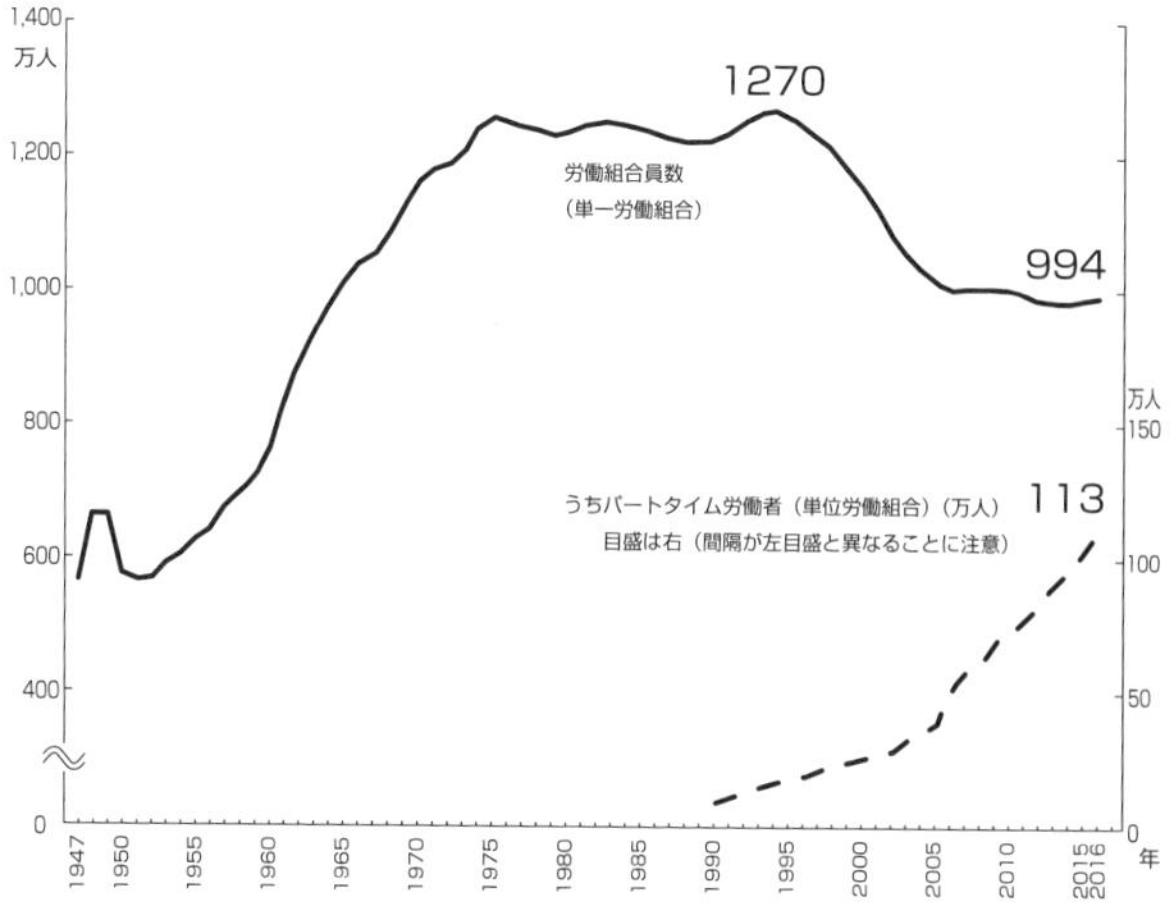

出所：厚生労働省「労働組合基礎調査」。

第5に、仲間を増やすこと、つまり労働組合の組織化です。労働者の最大の強みは数が多いということにあり、組合員を増やすことによって競争の是正や交渉力の強化、相互扶助のための財源の確保や手厚い援助などが可能になります。労働組合の側からすれば自らの存否に関わる重要な課題ですが、組合員の側からすれば要求実現のための武器を強めることになります。

昨今のように競争が拡大して孤立感や疎外感が強まっている職場では、仲間のいる幸せを得られる場でもあります。労働組合に入ってもらうことは分断され孤立している仲間を救い、悩みを相談できる仲間の幸せを分かち合うことであり、組織する側だけでなく組織される側にとっても大きなメリットがあるということを忘れてはなりません。

むすび

労働組合は団結によって不利な条件を是正するためのものです。これによって労働者は資本家と対等になるのであって、それを上回る力を得て有利になるわけではありません。また、資本家と労働者の基本的な利害は対立していますが、相互に依存する関係でもあります。労働者がいなければ企業は存立できず、企業がなければ労働者は働く場を得ることができないからです。

長い間の労働組合運動によって多くの成果が得られた結果、その必要性が十分に認識されず、労働組合の組織率が下がり、運動としての活力が低下しています。しかし、労働組合運動がなければ、雇用の確保や賃金の引き上げ、労働条件の向上も働く人々の人権を守ることもできなくなります。

その結果、働く人々の困難が増し、非正規雇用の増大、貧困化や格差の拡大、過労死や少子化、可処分所得の減少による景気の低迷などの社会問題が生まれています。現代の社会では市民や消費者は同時に労働者や生産者でもあり、働く人々の困難は直ちに社会全体の問題の発生につながるからです。

日本における社会問題の解決のためにも、労働組合運動が活力を回復し、働く人々の労働と生活条件の改善のために大きな力を発揮することが求められています。労働組合運動が果たすべき役割とその重要性は低下していないだけでなく、経済と社会の再生のためにますます大きなものになっているのです。

第5章　現代の多様な社会運動の意味

はじめに

「勝手に決めるな」「民主主義とは何だ」「これだ」

国会正門前の路上にあふれた人々が大きな声を上げていました。安保法（戦争法）反対運動で、普通に見られた光景です。このようなコールや異議申し立てこそ、社会運動の姿にほかなりません。

このような運動は国会正門前だけでなく全国の津々浦々で、老若男女を問わず多種多様な問題を掲げて、いろいろな形で取り組まれてきました。なぜ、人々はこのようにして声を上げ、要求を訴えるのでしょうか。政治に対して異議を表明するのでしょうか。

現代の社会においては、様々な運動が展開されています。それは政治が多くの問題を抱えていることの現れですが、同時に社会が健全であることの証明でもあります。どうしてそう言えるのでしょうか。その背景と意味について考えてみることにしましょう。

１　社会運動とは何か

エクササイズとムーブメント

運動とは何でしょうか。モノが変化すること、空間的な位置を変えること、人が動くことです。動くことによって変化が生ずる、あるいは変化を生じさせるために動くこと。これが運動です。

人々が個人の健康維持や増進を求めて動くのも運動です。これは英語で言えばエクササイズに当たります。動くことによって、自らの肉体に変化を生じさせることを目指しています。

人々が社会の健康維持や増進を求めて動くのも運動です。これはムーブメントでしょう。動くことによって、社会のあり方に変化を生じさせることを目指しているからです。

この両者の目的は共通しています。それは、個人や社会の健全なあり方を維持する、より健康にする、あるいは悪いところを直すことにあります。そのために声を発し、立ち上がって一歩を踏み出すところから、運動は始まります。

目標と主体

社会運動は一定の目標を達成するために実施される集団的な行動です。その目標は、何かを実現するための促進的なものであったり、何かに反対するための阻止的なものであったりします。目標とされるテーマは様々ですが、大きくは具体的な利益と抽象的な理念に分かれます。待機児童の解消や最低賃金の引き上げを求める運動は前者であり、報道の自由を守る運動や戦争法に反対する平和運動は後者だと言えるでしょう。

運動を担う主体は様々で、構成員によって運動の目標や性格も異なります。労働者階級を主体とする労働運動も社会運動の構成部分ですが、ストライキという強力な闘争手段を持ち搾取や抑圧の一掃を目指している点で、他の運動とは異なっています。青年運動や学生運動、女性運動、高齢者運動などは特定の階層によって担われるものです。

このほか、様々な階級や階層が含まれる市民運動や住民運動などもあります。市民運動は居住している地域に関わりなく抽象的な理念に基づく運動に取り組み、住民運動は居住している地域での具体的な利害の実現を目標にしている場合が多いと言えるでしょう。

このような多様な社会運動は政治の民主的変革と結びつかなければ根本的には解決しま

せん。多様な社会運動が労働運動と結びついてこそ、新たな社会変革の可能性が切り開かれることになります。

２ 今日における社会運動の特徴

社会運動の再生と多様化

最近では、社会運動の再生が顕著です。若者や女性、普通の市民など新たな参加者が様々な目標を掲げて運動に加わるようになってきました。国際的に見れば、ヨーロッパの反緊縮運動、アメリカの「オキュパイ運動」、香港の「雨傘革命」、台湾での「ひまわり学生運動」などがありました。このような運動の波が日本にも押し寄せてきています。

２００４年には「九条の会」が発足し、08年には派遣村の運動が始まり、ワーキングプアや非正規労働問題に取り組む労働運動や反貧困運動が活性化しました。そして、11年の東日本大震災と福島での原発事故を画期に段階的な変化が始まります。

脱原発運動、特定秘密保護法反対運動、沖縄・辺野古での新基地反対、環太平洋連携協定（ＴＰＰ）反対、労働法制改悪反対などの運動、ヘイトスピーチへのカウンターデモ、消費税の増税阻止など「一点共闘」と言われる多様な社会運動が大きく前進してきました。

その頂点となったのが「2015年安保闘争」と言われる戦争法反対闘争であり、そこでの国民的共同の前進でした。ここには、今日における社会運動の特徴が明瞭に示されています。

3つの潮流の共同

第1に、市民団体、全労連系、連合系という3つの潮流の共同によって担われたということです。その一つの到達点が、2016年5月3日に東京臨海広域防災公園で開かれ5万人が参加した「5・3憲法集会」でした。この集会では市民団体が結集した「解釈で憲法9条壊すな!実行委員会」の高田健さんが開会あいさつ、「戦争する国づくりストップ!憲法を守り生かす共同センター」の小田川義和さんがカンパのお願い、「戦争をさせない1000人委員会」の福山真劫さんが行動提起をしました。

この3つの団体は、2014年12月5日に結成された「戦争させない・9条壊すな!総がかり行動実行委員会」の構成団体です。市民団体とともに異なる潮流の労働組合が戦争法案反対闘争を支えていたわけで、とりわけ全労連は大きな役割を果たしました。このような実績を背景に、「連合系」と「全労連系」との初歩的な「共同」が実現するなど労働運動にも一定の前進的な影響が生じています。

市民運動と政党との連携

第2に、戦争法案反対闘争では、市民運動が政党に積極的に働きかけ、国会内外での幅広い共同戦線ができあがりました。「野党は共闘」という市民の声に押されて、民進党・共産党・社民党・生活の党（現自由党）の野党4党の共同も大きく前進し、5月3日の憲法集会でも野党4党の党首があいさつして連帯を表明しています。

戦争法成立後、「安保法制の廃止と立憲主義の回復を求める市民連合」が結成され、夏の参院選に向けての野党共闘を推し進める大きな力になりました。その結果、32ある1人区のすべてで野党共闘が実現しました。これまでの市民運動の多くは政治や政党と距離を置き、自ら選挙活動に積極的に取り組むことはありませんでした。この点でも、大きな変化が生じています。

多様な運動の合流

第3に、戦争法反対闘争だけでなく、多様な運動が合流してきているということです。5

月3日の憲法集会では、高校生平和大使だった上智大学生、辺野古基金共同代表、100歳を超えて活躍中のジャーナリスト、市民連合の大学教授、シャンティ国際ボランティア会、沖縄・一坪反戦地主会、NPO法人原子力資料情報室、障がい者の生活と権利を守る全国連絡協議会、朝鮮高校の生徒、日本消費者連盟、子どもと教科書全国ネット21、日本労働弁護団、NPO法人しんぐるまざーず・ふぉーらむ、自由と民主主義のための学生緊急行動（SEALDs）の関係者がスピーチしました。

60年代に大きく発展した革新統一運動は80〜90年代に「社公合意」による統一の分断に直面しました。その困難な時代から運動を担ってきた平和革新勢力の「敷布団」の上に、新しく運動に加わった市民運動の「掛け布団」（中野晃一さん）がかぶさり、その両者が手を結んだ象徴的な姿だったと言えるでしょう。

垂直的な運動から水平的な運動へ

第4に、戦争法反対闘争などの集会への参加者は組織によって動員されたのではなく自らの意思でやってきた人々でした。政党が主導して労働組合が動員をかけるような垂直型ではなく、政党も労働組合も一般の市民も対等平等で自発的に参加し共同する水平型の運動への変化を確認することができます。

これまでの運動では、団体ぐるみで実行委員会に参加し、それぞれの団体に動員の数が割り当てられ、参加者には交通費や日当を出すというような姿がしばしば見受けられました。しかし、このような運動形態は過去のものとなりつつあります。その特徴は「無名」の主催者が中心となって、合法主義・非暴力主義に徹し、誰もが気軽に参加できる「普段着の運動」であったことです。

３　民主主義の揺りかご

何が変わるのか

社会運動に取り組み、デモやパレードをすることや集会に参加することで何が変わるのでしょうか。それぞれの運動が掲げているテーマを示すことによって、社会の中での問題の存在を知らせることができます。困っている人が声を上げることができ、デモや集会が行える社会に変えていくこともできます。

また、社会運動に関わることによって、問題の所在を知り、困っている人に寄り添い、解決を求めてデモや集会に参加することをいとわない自分に変わっていくことができます。

政治や社会に対する関心を高め、他人事として見過ごすことをせず、主権者としての権利を行使することができるようになります。

民主主義とは国民が主権者であるということを意味しています。問題に気がついたり新たに問題が発生したら、その解決を政治家任せにせず自ら声を発することが必要です。そうすれば「お任せ民主主義」を脱し、新たな民主主義を生み出すことができるにちがいありません。その意味で、社会運動は民主主義の揺りかごなのです。

初めから諦めてしまって何もしなければ何も変わりません。無知や無関心は無力感を生み出して私たちから力を奪います。結果はどうあれ、まず自分が感じた怒りを素直に表現することが大切です。自由と人権は不断の努力によって保持され、権利は行使することによってしか守られないのですから……。

「運動」の効用

このような社会運動の効用としては、第1に、機能不全に陥っている間接民主主義を直接民主主義によって補修することができます。主権者が声を上げることによって、民意を直接国政に届けることができるからです。小選挙区制という選挙制度によって民意が捻じ曲げられている現状では、その意義は極めて大きくなっています。

第2に、政治や行政にとっての効用もあります。問題の発生と所在を教えてもらうことができるからです。国民の不平や不満、反対が高まることによって「運動」は起きますから、いかなる問題についてどのような不満や反対がどのような地域や階層に存在しているかを当局者は知ることができ、適時・的確に対応することができるようになります。

第3に、社会を健全にし、心身ともに個人の健康を増進することができます。いつでも要求をぶつけたり異議申し立てをしたりすることができるのは風通しの良い社会の証拠であり、主権者の意思が政治に反映できるまともな社会の姿です。そのような社会を生み出すために政治や社会への関心を持ち続けて集会やデモなどに出かければ、ボケることなくストレス解消や足腰の鍛錬にも役立ちます。「運動」は社会を健康にするだけでなく、個人を健康にするためにも役立つのです。素晴らしいことではありませんか。

第6章　戦後70年、国民のたたかい

――それを受け継ぐことが、私たちの務め

はじめに

２０１５年は敗戦から70年目に当たっていました。このため、先の戦争と「戦後70年」をどのように振り返り、総括するのかが改めて問われることになりました。二度と侵略戦争と植民地支配を繰り返さず、戦後の出発点に際して行った不戦と平和の誓いを引き継ぐことが、今ほど重要になっている時はありません。それは今に生きる私たちの責務であり、現役世代の務めだと言えるでしょう。

戦後の日本は、アメリカの政治的軍事的従属下に置かれ、基本的には自民党などの保守政党によって統治されてきました。その結果、日本の平和と民主主義、国民生活は、日米両支配層による攻撃にさらされ、破壊されてきました。同時に日本の戦後は、日本国憲法のもとで、このような攻撃を跳ね返し、平和と人権、民主主義、国民の生活を擁護するた

めに、労働者をはじめとした国民がねばり強くたたかい続けてきた70年でもありました。

このようなたたかいの意味は、どこにあったのでしょうか。それはどのような力を生み出し、いかなる成果をもたらしてきたのでしょうか。とりわけ、労働運動や社会運動の果たした役割はどこにあったのでしょうか。

憲法を守るとともに、それを戦後政治と国民生活に定着させ、その理念や条文を具体化する力として、戦後の労働・社会運動は大きな力を発揮してきました。このような中で、統一戦線の結成を目指す運動も、かつての社共共闘から今日の国民的共同へと引き継がれてきています。

それをさらに発展させ、憲法を政治と生活に活かすことができる新しい民主的政府への展望を切り開くことが必要です。そのために、生産をになう組織された社会的勢力としての労働運動の役割はますます重要になってきています。

1　戦争に反対し平和を守るたたかい

国民に歓迎された平和憲法

　憲法は前文で平和的生存権を定め、第9条で戦争放棄と戦力不保持を規定しています。同時に、交戦権も否定していますから戦争することはできません。集団的自衛権行使容認のための「安保法（戦争法）」の提案に当たって政府が「武器の使用」と「武力の行使」を区別して後者を否定しているのは、「武力の行使」が「交戦権」の使用を意味することになるからです。

　このような憲法の平和理念は、国民の圧倒的多数に支持されました。日本を滅亡のふちに追い込み、悲惨な結末をもたらした戦争はもうこりごりだと思ったからです。このような国民感情に真っ向から挑戦したのが再軍備の構想であり、日米安保条約による日米軍事同盟の締結でした。

　1950年の朝鮮戦争を契機に始まった警察予備隊の結成、保安隊への改組（52年）、さらには自衛隊の発足（54年）へと至る再軍備に対しては、「平和4原則」を掲げた総評などによる反対運動や「全面講和」を求める運動がありました。しかし、1951年にサンフランシスコ講和条約が調印され、米軍に基地を提供するための旧安保条約も締結されます。こうして、日本は西側陣営の一員に組み込まれることになりました。

戦後憲法体制を定着させた60年安保闘争

1957年に「日米新時代」を掲げて登場した岸信介首相は旧安保条約を「片務的」であるとして改定を目指します。この安保条約改定交渉をめぐって激しい反対運動が生まれました。条約の改定に反対する国民的な大衆運動（安保闘争）は、空前絶後の規模で展開されていきます。

安保闘争は1960年に入ってから急速に盛り上がり、連日、デモの波が国会周辺を取り巻くようになります。窮地に陥った岸内閣は国会での強行採決によって会期延長と条約承認を議決し、安保条約の自然成立を図りました。この後、安保闘争は大きく高揚しますが、条約は改定されます。とはいえ、大きな成果を上げることができました。

その第1は、強行採決を行って議会制民主主義を破壊した岸首相の退陣をもたらしたことです。条約の批准書交換を見届けた岸首相は政権維持を諦めて退陣を発表し、その地位を退きます。

第2は、大衆運動の大きな力を示すことができたことです。民意に反する為政者は倒すことができるということ、それが主権在民に基づく民主主義なのだということを学んだ国民は大きな確信を得ることになりました。

第3は、保守勢力にも大きな教訓を与え、戦後憲法体制の定着をもたらしたことです。戦前型の政治モデルの復活を夢見ていた岸首相などの戦前派政治家の野望は打ち砕かれ、憲法を前提にした戦後型の政治モデルへの現実的な対応が保守政治においても主流になっていきました。

こうして、安保闘争は戦後日本政治における大きな転換点を画すことになります。その転換をもたらしたのは広範な国民の反戦意識であり、議会制民主主義の擁護を掲げた大衆的な運動の高揚でした。それは保守勢力に対しても痛撃を与え、改憲と再軍備を目指す勢力の発言権と影響力を大きく低下させることになったのです。

労働運動の果たした役割

このような安保闘争の盛り上がりにおいて、労働運動が果たした役割は決定的なものでした。安保闘争と並行してたたかわれていた三池闘争と同様に、中心になったのは日本労働組合総評議会（総評）です。総評、中立労連、社会党など13団体で安保条約改定阻止国民会議（安保共闘）が結成されますが、そのイニシアチブをとったのは総評でした。

国民会議の加盟団体は総評系組合53、中立組合20、婦人団体4、青年団体5、農民組合1、市民団体6、平和団体10など計138団体（のちに約300団体）です。幹事会は呼びかけを行った13団体とオブザーバーの共産党で構成されました。これらの団体の中でも総評の行動力と動員力は圧倒的で、運動の節目では全国的なストライキを呼びかけています。

なかでも、1960年6月4日の安保改定反対に絞った最初の大規模な実力行使には国労や動労のストなど総評系57単産、中立労連19単産が参加し、統一行動参加者は560万人、一般市民も参加した国会デモは13万人という大規模なものでした。6月15日の第2波実力行使にも211単産、580万人が参加しています。

ようやく最近になって「デモの復権」が言われ、脱原発や戦争法反対を掲げて官邸前集会や国会周辺でのデモなどが頻繁に取り組まれるようになりました。しかし、そこでの主役は必ずしも労働組合ではなく、政治的なストライキが取り組まれることもありません。ここに安保闘争との大きな違いがあります。「安保のように」たたかい、それに匹敵する規模の運動を実現するには、労働運動のさらなる奮起が必要だったのではないでしょうか。

2 基地反対闘争と「平和的生存権」を守るたたかい

基地の拡張反対、返還要求、騒音被害などに対するたたかい

平和憲法の理念を生かすたたかいは、軍事基地に対しても向けられました。1950年代には内灘試射場反対運動、浅間山基地化を阻止した運動、妙義山接収計画を撤回させた運動、北富士演習場使用に対する反対闘争、砂川闘争（立川基地拡張反対運動）など、様々な基地反対闘争が起きています。

このうち、米軍基地の拡張に反対して学生が基地内に入り込んで逮捕された事件（砂川事件）では、59年3月に東京地裁の伊達裁判長が被告を無罪とする画期的な判決を下しました。在日米軍は憲法9条違反であり，刑事特別法は違憲・無効だとしたのです。これが有名な「伊達判決」です。

慌てた検察側は高裁段階を省略して跳躍上告し、最高裁は伊達判決を破棄しました。これが集団的自衛権の行使容認の論拠の一つとされている59年12月の最高裁砂川判決です。

しかし、この裁判で問題とされていたのは在日米軍の基地であって集団的自衛権という

言葉は登場していません。また、田中耕太郎最高裁長官は事前に米駐日公使と密談して判決内容を漏らすなど、裁判官の独立を定めた憲法76条に違反する疑いのある行動をとっていました。

60年以降も、新島ミサイル試射場反対運動、忍草《しぼくさ》母の会による北富士演習場返還運動、三宅島夜間発着訓練基地建設反対運動などがありました。このような運動は、百里基地などの自衛隊基地返還要求運動や小松・厚木・横田などの基地騒音被害への抗議・反対運動にも引き継がれています。

最近では、自衛隊による垂直離着陸機（オスプレイ）の購入と佐賀空港への配備、米空軍のオスプレイの横田基地への配備計画などが明らかになっています。このような新たな軍備増強計画に対する反対運動も強まっています。これらも反基地闘争の一環であり、平和憲法の理念を具体化する取り組みの重要な構成部分にほかなりません。

沖縄での基地反対闘争

基地の新設や拡張反対、整理・縮小や撤去を求める運動が、とりわけ激しくたたかわれたのは沖縄です。日本に置かれている米軍基地の約4分の3が沖縄に存在するのですから、それも当然でしょう。いわば、沖縄は安保と憲法との対決点に位置していることになります。

沖縄では施政権返還・本土復帰に向けての運動とともに、自衛隊の移駐反対、米軍基地の拡張反対、基地の整理・縮小・移設、核兵器の撤去などを掲げた運動が取り組まれてきました。しかし、本土復帰後も基地負担の軽減は遅々として進んでいません。

それればかりか、日本政府が基地負担を沖縄に押し付けるような転倒した関係も生まれています。その典型がオスプレイの普天間基地への配備や辺野古での新基地建設であり、高江へリパッド（簡易発着場）の建設などでした。

沖縄にとって本土への復帰は日本国憲法の下への復帰であったはずですが、現実には憲法よりも安保の方が優先されています。これを逆転させせなければなりません。辺野古の新基地建設に反対する「オール沖縄」のたたかいこそ、このような憲法の平和主義を現実のものとするための取り組みにほかならないと言えるでしょう。

「平和的生存権」をめぐる取り組み

憲法は前文で「平和のうちに生存する権利を有することを確認」しています。これが「平和的生存権」と言われるものです。この権利を守るためにも、自衛隊の違憲性を問題とし、具体的な被害の除去が目指されてきました。

たとえば、北海道の恵庭町に住む酪農家が演習場の騒音によって牛乳の生産量が落ちたとして通信線を切断して自衛隊法違反に問われた事件（恵庭事件）があります。これは自衛隊法が合憲か違憲かが争点となって注目されました。しかし、札幌地裁は憲法判断を行わず、通信回線は自衛隊法第121条の「その他の防衛の用に供する物」に該当しないとして被告人に無罪を言い渡し、これが確定しました（67年3月）。

また、長沼事件では、北海道長沼町での航空自衛隊のナイキミサイル基地の建設に反対する住民らが原告となって自衛隊の違憲性が争われました。札幌地裁の一審判決は自衛隊の実態審理を行い、国民の「平和的生存権」を根拠に自衛隊は軍隊であって憲法に違反するとの画期的な判決を出します（73年9月、長沼判決）。しかし、控訴審判決は政府側の主張をほぼ全面的に認めて、原判決を取り消しました（76年8月）。

さらに、航空自衛隊のイラク派兵が憲法違反であることの確認などを求めた訴訟（自衛隊イラク派兵差止訴訟）で、名古屋高裁は「アメリカ兵等武装した兵員の空輸活動を行っていることは、憲法9条1項に違反する」との違憲判断を行って確定しました（2008年4月）。このような判決は初めてで、歴史的な意義を有する画期的な判決だといえます。また、平和的生存権について、「全ての基本的人権の基礎にあってその享有を可能ならしめる基底的権利であるということができ、単に憲法の基本的精神や理念を表明したに留まるものではない」として具体的権利性を正面から認めた点も高く評価できます。

3 人権と民主主義を守るたたかい

「永久の権利」と「不断の努力」

憲法第11条は「国民は、すべての基本的人権の享有を妨げられない。この憲法が国民に保障する基本的人権は、侵すことのできない永久の権利として、現在及び将来の国民に与へられる」としています。また、第12条は「この憲法が国民に保障する自由及び権利は、国民の不断の努力によつて、これを保持しなければならない」と定めています。

このように、憲法に保障されている民主的な諸権利は「侵すことのできない永久の権利」だとされています。しかし、それを守るための「不断の努力」がなければ絵に描いた餅になってしまいます。権利の上に胡坐《あぐら》をかき、権利の無視や侵害を見過ごしたり放置したりしてはなりません。そのようなことが繰り返されれば、やがて権利は失われてしまいます。

そもそも、人権は長い間のたたかいによって獲得されてきた人類の貴重な財産です。それを受け継ぐためにも、無視や形骸化、破壊や弾圧に対するたたかいが必要なのです。権利は、それを求め、守ろうとする者にこそ与えられるのだということを忘れてはなりません。

戦後の謀略事件と人権裁判

基本的人権に対する侵害として最も警戒されなければならないのは国家権力によるものです。権力による暴虐や弾圧、権力の恣意的な運用による権利侵害を防ぐためにこそ、憲法が存在するとさえ言うことができるほどです。このような権力による弾圧と、それへの大衆的な反撃による人権擁護のたたかいの典型的な姿を、戦後の謀略事件と人権裁判運動に見ることができます。

たとえば、松川事件救援運動として知られる大衆的な人権裁判への取り組みがあります。松川事件は、１９４９年に福島県の東北本線で発生した列車往来妨害事件で、犯人として国鉄と東芝の労働者20人が逮捕されました。被告の大半は共産党員です。

このため、当初から労働運動に打撃を与えるためのでっちあげではないかとの見方がありましたが、次第に被告を救援するための運動が盛り上がり、結局、被告全員が無罪になっています。事件の発生から14年後のことで、国家賠償請求訴訟も勝訴が確定しました。

三鷹事件も１９４９年に三鷹駅構内で発生した無人列車暴走事件で、組合員だった共産党員ら10人が起訴され、非共産党員の竹内景助被告が「単独犯行」を主張し、９人が無罪となりました。その後、竹内被告も無罪を主張しますが、再審請求中の67年に死亡し、今も再審請求の運動が続けられています。

このほかの謀略事件としては、青梅事件（1969年差戻審判決）、吹田事件（1969年二審判決）、八海事件（1969年第三次上告審判決）、メーデー事件（1972年二審判決）、辰野事件（1972年二審判決）、仁保事件（1972年差戻審判決）などがあります。いずれも裁判運動が取り組まれて次々と真実が明らかにされ、無罪が確定しました。これらは運動と裁判のフィードバックによって人権が守られてきた実例だと言って良いでしょう。

教育をめぐる攻防

憲法第23条は「学問の自由は、これを保障する」とし、第26条は「すべて国民は、法律の定めるところにより、その能力に応じて、ひとしく教育を受ける権利を有する。すべて国民は、法律の定めるところにより、その保護する子女に普通教育を受けさせる義務を負ふ」と定めています。「教育を受ける権利」の方が「義務」よりも優先されていること、権利は「受ける権利」であり、義務は「受けさせる義務」であることに注意する必要があります。

また、憲法では「学問の自由」の方が先に規定されているということも重要です。戦前の社会において学問の自由が侵され、侵略戦争を支持し遂行するためのマインドコントロールに利用されたという苦い経験があるからです。それを防ぐためには、学問の自由を保障し、教育に対する政治や行政など外部からの介入や干渉を防ぐことが重要です。

その典型的な取り組みが教科書検定に対する抵抗であり「家永裁判」です。1965年に家永三郎東京教育大学教授が教科書検定を違憲・違法だとして国を相手取って訴訟を起こし、「教科書検定訴訟を支援する全国連絡会」が結成され、広範な国民が参加して国民的な運動が展開されました。

その結果、1970年の東京地裁判決によって教科書検定制度は表現の自由を侵害する恐れが大きく、憲法第21条と教育基本法10条に違反するとして、原告勝訴の判決が下されました（杉本判決）。他方で、民事訴訟の第一審判決は教科書検定制度を合憲とし、杉本判決にたいする控訴審判決も憲法判断を回避しつつ運用の一部に裁量権の逸脱があるとして国に損害賠償を命じ、判決は確定しました。

その後、教科書に対する検定はさらに強まり、育鵬社など歴史修正主義の立場に立った教科書の採用を迫る動きも目立っています。教育基本法の改悪や教育再生実行会議を中心とした安倍教育改革によって外部からの介入と統制は強まり、日の丸と君が代の斉唱や起立の押し付け、国立大学での国旗掲揚や国歌斉唱の要請、人文・社会関係学部の縮小・再編など大学の自治や学問の自由への攻撃はかつてなく強まっており、教育をめぐる攻防は今も続いています。

思想と表現、政治活動の自由を守り、差別を許さないたたかい

憲法第19条は「思想及び良心の自由は、これを侵してはならない」とし、第21条は「集会、結社及び言論、出版その他一切の表現の自由は、これを保障する」と定めています。この憲法上の権利を守るためにも、激しいたたかいが繰り返されてきました。

たとえば、労働現場での思想差別や昇格・賃金差別に対するたたかいがあります。その多くは裁判闘争と結合され、96年には名古屋地裁が中部電力人権侵害・思想差別裁判で「思想差別は違憲」として8億4000万円の支払いを命ずる原告側勝利判決を出しています。このほか、東京電力、安川電機、新日鉄広畑、クラボウ、石川島播磨などでも、労働者側の勝利や和解で解決が図られました。

また、知る権利や報道の自由、表現の自由も、それに対する制限、干渉や攻撃に対する反撃の繰り返しによって守られてきたことを忘れてはなりません。いくつかの例を挙げれば、西宮の朝日新聞阪神支局襲撃事件に対する抗議活動、国家秘密法反対運動、拡声器規制条例等に対する反対運動、NHK番組「裁かれた戦時暴力」への圧力に対する抗議活動、立川・自衛隊官舎ビラまき訴訟、自衛隊の「国民監視活動」への抗議活動、葛飾ビラ配布

弾圧事件や国公法弾圧2事件訴訟などがありました。

最近では、特定秘密保護法の制定に対する大きな反対運動が展開されました。また、「梅雨空に『九条守れ』の女性デモ」という俳句の公民館月報への掲載拒否に対する提訴もなされ、自民党勉強会での報道規制発言への抗議も強いものがありました。個人の思想・信条の自由や差別の禁止という点では性的少数者（LGBT）の権利擁護、憎悪犯罪（ヘイトクライム）や憎悪表現（ヘイトスピーチ）の法的規制なども重要な課題として取り組まれています。

4　人間らしい生活と労働を求めて

文化的生存権と朝日訴訟

憲法第25条は前段で「すべて国民は、健康で文化的な最低限度の生活を営む権利を有する」とし、後段で「国は、すべての生活部面について、社会福祉、社会保障及び公衆衛生の向上及び増進に努めなければならない」と定めています。前段は文化的生存権という国民の権利の保障であり、後段はそのために「努めなければならない」国の義務を明らかにしているわけです。

憲法は１９４６年に国会で審議され、「草案」の段階から公布までに約１００項目の修正を加えられました。なかでも一番大きな修正は第25条が新たに加えられたことです。これは憲法研究会の同人で社会党議員となっていた森戸辰男が加えたとされ、社会保障の充実を求める運動にとって大きな武器となりました。

この条文を争点として争われたのが「朝日訴訟」です。生活保護基準が生存権を保障するに十分なのかと、朝日茂さんによって提起されました。一審は憲法25条を根拠に原告側勝訴という画期的な判決を下しましたが、控訴審で敗訴しています。

しかし、この裁判を契機とした「朝日運動」は、生存権や社会保障を受ける権利を明確にし、生活保護基準の引き上げなど行政や立法面での社会保障の充実が図られるきっかけになりました。また、この運動によって社会保障や生存権にたいする国民意識が変化し、福祉国家を展望して運動を発展させる端緒になったという点でも高く評価できるでしょう。

公害反対闘争の意義

憲法には「環境権」が明示的に規定されているわけではありません。しかし、憲法第13条は「すべて国民は、個人として尊重される。生命、自由及び幸福追求に対する国民の権利については、公共の福祉に反しない限り、立法その他の国政の上で、最大の尊重を必要とする」と定めています。「環境権」はこれを根拠に主張され、公害対策基本法やこれを引き継ぐ環境基本法が制定されました。

憲法第25条をもとに民法の損害賠償請求も行われ、4大公害裁判（熊本水俣病、新潟水俣病、イタイイタイ病、四日市大気汚染）で被害者救済の判決が確立しました。これらの公害裁判で地域住民や被害者の運動が大きな力となりましたが、その支えとなった民主的な諸権利が憲法で保障されていなければ、環境権が明記されていても絵にかいた餅にとどまっていたことでしょう。

このほか、大阪や羽田・福岡空港の周辺住民による騒音公害反対運動、新東京国際（成田）空港の建設に反対する三里塚闘争、サリドマイド、スモン、クロロキン、エイズ（HIV）、ヤコブ病、C型肝炎、イレッサ、B型肝炎などの薬害に対して補償を求めるたたかい、アスベストや塵肺などの健康被害に対する責任追及と賠償請求の運動などもありました。

公害というにはあまりにも大きな問題ですが、福島第1原子力発電所事故による放射能被害に対する運動も重要です。原発そのものの廃止や再稼働させせない反・脱原発、原発ゼロへの取り組みと結合しつつ、放射能による健康被害や環境破壊に対する補償を求めることは、憲法第13条や第25条の具体化を図る今日的な取り組みであると言えるでしょう。

労働者の権利をめぐるたたかい

憲法第27条は「すべて国民は、勤労の権利を有し、義務を負ふ。賃金、就業時間、休息その他の勤労条件に関する基準は、法律でこれを定める」とし、第28条は「勤労者の団結する権利及び団体交渉その他の団体行動をする権利は、これを保障する」としています。この規定を根拠に、労働基準法・労働組合法・労働関係調整法のいわゆる「労働三法」が制定されました。

戦後の労働運動の歴史は、このような労働者の権利を形骸化し空文化しようとする政府や経営者からの攻撃と、その実質化や具体化を求める労働運動との激しいせめぎあいでした。個々の事例に立ち入る余裕はありませんので、ここでも労働運動と裁判闘争とが結合されることで、労働者の権利の擁護が図られてきたということを指摘しておきたいと思います。

とりわけ、官公労働者のストライキ権回復に向けて、ＩＬＯへの提訴など国際的な面での取り組み、スト権回復ストや順法闘争、世論への働きかけなどを背景に、下級審ではスト禁止を違憲とする判決などが獲得されてきました。しかし、いまだに公務員のスト権は回復されていません。この問題は今もなお公務員制度改革における大きな争点であり続けています。

むすび

戦後70年は、憲法の空洞化を許さず、その具体化を目指して苦闘する歴史でした。憲法をめぐる運動には守勢と攻勢の二つの面があります。それは改憲に反対する護憲運動であるとともに、その理念や条文を政治と生活に活かす活憲運動でもありました。

幅広い労働・社会運動、裁判闘争、新たな立法や行政施策などの相互の連動を図りつつ、憲法の条文と理念を守るだけでなく、平和と人権、自由と民主主義などを国民生活の隅々に具体化していく取り組みでもあったと言えます。憲法は労働運動や社会運動の武器としても活用され、鍛えられ、新たな生命力を得てきたのです。

他方で、憲法に対する敵視と攻撃も強まりました。その策源地《さくげんち》は安保体制であり、自民党の変質です。国際社会での地位を低めた米国は日本に対する軍事分担と肩代わりを求め、保守支配の行き詰まりを打開するために右傾化を強めてきた自民党は、この要請を受け入れようとしているからです。

こうして、保守政治の変質が生じました。憲法を前提にした戦後型政治モデルへの現実的な対応から、その修正による極右的な反憲法政治へと自民党内のヘゲモニーが転換したのです。その結果が安倍政権による憲法敵視であり、反憲法的暴走政治にほかなりません。

憲法が政治の焦点に浮上することになり、保守の分化が生じ、改憲に反対する国民的共同の条件が拡大し、民主的政府樹立に結びつく新しい条件が生まれました。憲法の意義と重要性も再認識されるようになっています。「9条の会」の発展は、その一つの現れではないでしょうか。

このような憲法をめぐる運動でも、労働組合は組織された社会的勢力としての力、志によって結ばれた絆としての団結、社会の民主的な変革を目指す集団としての力を発揮することが求められています。安保闘争で果たした労働組合運動の力を思い起こしていただきたいものです。

その力を発揮するために、足を踏み出さなければなりません。一歩を踏み出すには、まず立ち上がることが必要です。腹を固めて、面白く、これまでとは違ったことをやるために、まず立ち上がりましょう。そして、一歩を踏み出そうではありませんか。本格的に憲法が活かされる政治と社会を目指して……。

終章　「トランプ現象」と大衆運動

社会運動と選挙

現状に対する人々の不満と怒り。これが街頭に向かえば集会やデモなどの社会運動となり、投票所に向かえば選挙での激変を生み出す力となります。2010年以降、世界各地で、このような不満と怒りが充満し、政治変革への願いが高まり、多くの社会運動や選挙での番狂わせを生み出してきました。

その背景には、グローバリズムと金融資本主義を背景とした新自由主義や緊縮政策などによって生み出された貧困と格差の拡大があります。そしてそれは、アメリカ大統領選挙で「トランプ現象」とも言われるような逆転劇の末にトランプ候補が当選した大きな要因でもありました。

トランプ当選をほとんどの人は予想していませんでした。しかし、このような背景からすれば、それは決して理由のないことではありません。それは一種のポピュリズム（大衆迎合主義）だと見られていますが、既成政治の外から人々の不満や要求をすくい上げて政治に届ける回路の一つでもあります。

トランプ候補の勝因は、グローバル化と新自由主義による貧困・格差の拡大への白人労働者層を中心とした不満と反乱にありました。また、過激な発言や嘘とデマも散りばめつつ、それまでのアメリカ政治に失望した人々の期待をかき集めた結果だったとも言えるでしょう。

逆に、ヒラリー・クリントン候補の敗因は、元大統領夫人で上院議員や国務長官も務めた既成政治家のエリートで、しかも女性だったという点にあったと思われます。女性初の大統領としての期待は高いものでしたが、同時に女性であるがゆえに直面せざるを得ない「ガラスの天井」も障害となりました。そのうえ、「チェンジ」を掲げて大統領になったにもかかわらず現状を打破できず、「チェンジ詐欺」などと非難されているオバマ大統領の後継者だったという点も不利に働きました。

それにもかかわらず、得票総数ではクリントン候補の方が200万票も多かったという事実は重要です。実は多数派であったのに選挙で負けてしまったのは、選挙制度の不備というしかありません。当選するのは得票数の多い候補者ではなく、それによって州ごとに選ばれた選挙人の多い候補者であるという間接選挙の問題点が、ここにはっきりと示されています。このようなカラクリが小選挙区制ではもっと大きな規模で生ずることは、皆さんもご存知の通りです。

こうして、日本と同様にアメリカでも、ブレーキなしの「暴走車」が登場することになりました。日本では夏の参院選の結果、衆参両院で自民党が過半数を占めています。アメリカでも、大統領選挙と同時に実施された上下両院議員選挙で共和党が勝利し、議会の両院で与党が多数になりました。しかも、「運転手」はどちらも「右にしかハンドルが切れない」極右の指導者です。太平洋を挟んだ日米両国で容易ならざる事態が生まれたということになるでしょう。

「アラブの春」から始まった社会運動の再生

容易ならざる情勢が生まれているのは、日米だけではありません。アメリカにおけるトランプ候補の当選は、難民問題などを契機にヨーロッパで強まりつつある極右勢力を勢いづかせる危険性があります。実際、２０１６年12月に実施されたイタリアでの国民投票では憲法改正に反対した右派勢力が勝利し、同時に投票されたオーストリアでの大統領選挙ではネオナチに近い右派候補が敗れたものの過半数近い支持を集めました。

しかし、これらは世界で生じている政治の表層にすぎません。その底流ではグローバリズムと新自由主義、緊縮政策、独裁や差別主義などに反対する新たな運動が流れ出していることを見失ってはなりません。

その始まりは2010年から2012年にかけてアラブ世界で発生した、前例のない大規模な反政府デモでした。「アラブの春」と呼ばれた社会運動は2010年12月のチュニジアでの「ジャスミン革命」に始まり、エジプトやリビアにも及んでいきます。ところが、シリアでは内戦状態を引き起こして元アルカイダ系の過激派組織「イスラム国（IS）」が台頭したため、「アラブの春」は一部地域を除いて事実上挫折してしまいました。

しかし、このような新たな社会運動の流れは他の地域にも波及していきます。アメリカでは2011年9月に「ウォール街を占拠せよ（Occupy Wall Street）」という若者らによる運動がニューヨークで発生しました。大規模なものは2ヵ月ほどで沈静化しましたが、ウォルマートの労働者などによる「時給15ドル」への最低賃金への引き上げを求める運動にも結びつき、アメリカ各地や他国にも広がっていきます。

2014年には香港で行政長官の選挙に関連して「雨傘革命」と言われる民主化要求運動が起こり、台湾でも「ひまわり学生運動」と呼ばれる学生と市民らによる立法院を占拠する社会運動が展開されました。2016年の総統選挙では、民主進歩党の蔡英文候補が国民党の候補などを破って政権交代が起きています。

また、2016年に実施されたフィリピンでの大統領選挙でも、過激な発言を続けてきたドゥテルテ・ダバオ市長が当選して政権交代が起きました。その背景には前政権下で拡大した富裕層による富の独占、格差や麻薬問題への不満があったと見られています。

このような東アジアでの政治の激動は、韓国における最近の朴槿恵《パククネ》大統領の辞任を求める大衆運動の高揚で頂点に達しました。大統領の職務停止につながった100万人を超えるかつてない大規模な集会の開催は、直接には大統領と友人との不適切な関係への疑惑が原因でしたが、その背後には貧困や富の偏在、格差の拡大や若者の困難への怒りが存在していました。

欧米における市民運動の発展と政治の変化

欧米でも、このような大衆運動の発展と新しい政治潮流の台頭は顕著であり、格差と貧困の拡大に反対する幅広い市民運動が発展しています。これまで伏流水のように流れてきた様々な運動が合流し、貧困や格差の是正、選挙を通じた社会変革を目指す注目すべき新しい潮流が生まれています。

EU（欧州連合）は発足当初、「ルールある経済社会」を築くうえで積極的な役割を果たしました。しかし、２００８年の国際経済危機以降、ＥＵ主導で民営化や公務員削減、医療・教育予算の削減、年金改悪など新自由主義的で極端な緊縮政策を実施することになります。このために格差と貧困、不況と失業が深刻化し、不信と不満が高まってＥＵ離脱の動きが生じました。

このような中で実施された２０１５年のギリシャ、ポルトガル、スペインの総選挙では、緊縮政策の転換を求める大衆運動と連携したポデモス（スペイン）などの左翼政党が躍進し、ギリシャとポルトガルでは新政権樹立につながりました。イギリスでは9月の労働党の党首選挙で、イラク戦争の反対運動を主導した「戦争阻止連合」のジェレミー・コービン全国議長が党首に選出されています。コービン議長はＥＵ離脱に反対したため離脱決定後に辞任しましたが、その後の党首選挙でも再選されました。青年層など一般党員の支持が多かったからです。

アメリカでも、イラク戦争に反対して「1％の最富裕層ではなく99％のための政治」を主張し「民主的社会主義者」を名乗るサンダース上院議員が、大統領選挙の民主党予備選で青年層の支持を集めて健闘しました。その背景には既存の政治への不信感と怒り、政治変革への願いがあり、ある意味ではトランプ支持者と共通するものでした。

このような「サンダース現象」は「人口の1％の富裕層の貪欲と腐敗の根絶」を掲げて金融界の中心地ウォール街の占拠を訴えた「オキュパイ運動」を引き継いでいました。この運動は草の根でサンダース支持の伏流水となり、大統領選挙で再び地表に現れたのです。

内外情勢の弁証法的発展と新たな政治の可能性

このように、世界の情勢変化においても「正（テーゼ）→反（アンチ・テーゼ）→合（ジン・テーゼ）」という弁証法的な発展が見られるように思います。第2次世界大戦後の世界は、ケインズ主義に基づく有効需要創出によって経済成長を図るという修正資本主義と福祉国家の建設を目指す社会民主主義的な潮流が支配的でした。これが戦後世界における政治モデルであり、いわゆる「正（テーゼ）」に当たります。

これが二度の石油ショックで行き詰まったために登場してくるのが新自由主義的再編であり、ソ連・東欧の崩壊によって強まったグローバリズムでした。国家による関与や規制を可能な限り減らして資本の自由な活動を拡大し、民間の活力によって経済成長を図るという新しい政治モデルです。これが「反（アンチ・テーゼ）」になります。

しかし、結局はそれがうまくいかず、富の偏在と格差の拡大、中間層の没落と貧困化をもたらし、既成政治への不信を強めて大衆の反乱を生み出しています。イギリスにおいてはEU離脱、アメリカにおいてはトランプ当選という予想外の結果をもたらすことになりました。

こうして、戦後の世界においても「合（ジン・テーゼ）」の段階が訪れつつあるのではないでしょうか。その予兆は、アラブの春、オキュパイ運動、雨傘革命、ひまわり学生運動、朴大統領辞任要求の大規模集会、反緊縮運動などの新たな大衆運動によって示されています。そこから、ギリシャ、ポルトガル、スペイン、イギリス、アメリカなどでの新たな政治潮流も生まれてきました。

今はまだ、過渡期にすぎないのです。極右の台頭と混乱という右への逃走路が選択されるのか、それとも左派による対抗と再生による脱出路かが争われることになるでしょう。その意味では、「せめぎあいの時代」の始まりだというべきかもしれません。

このような世界の動きは、格差・貧困の是正と平和、民主主義を求める新しい市民運動と結びついた社会変革の動きとして、日本で発展しつつある野党と市民の共闘という新しい政治の登場と響きあうものとなっています。

ただし、日本での極右勢力の台頭は世界に先んじて生じました。それに対する対抗勢力の反撃も、世界に先んじているように見えます。野党連合政権が実現して新しいリベラルな政治を実現すれば、戦後世界政治における「合（ジン・テーゼ）」の段階での新たな政治モデルを提示することができるかもしれません。

その成否を決めるのは、市民の力です。まさに、いま蘇りつつある社会運動のチカラこそ、そのような新しい局面を切り開く原動力となることでしょう。そうすることによって、日本のみならず、平和で民主的な世界を生み出す希望の力を示すことが日本の革新運動の世界史的使命となっているのではないでしょうか。

あとがき

「いま求められているのは、『反共』でも『反党分子の排除』でもなく、『大左翼』の結集によって『左翼的空間』を拡大し、保守政治に対抗し得る新しい政治勢力を作り出すことであろう。

この新しい政治勢力は、保守政治に対抗できるだけの量、力を持たなければならないが、同時に保守政治を根本的に転換できるだけの新しい質、政策、展望を持たなければならない。そのためには、保守政治と手を組むことを潔《いさぎよ》しとしないすべての勢力が協力・共同する必要があろう。腐れきった保守政治のあり方に疑問を感じ、二一世紀に向けて日本の進路を変えなければならないと考えているすべての個人や団体が合流できるようにする必要もあろう。日本共産党の力と政策をその構成部分とする『大左翼』の結集と、多様な人の参加する『左翼的空間』の拡大なしに、このような転換が果たして可能だろうか。」

私は1993年5月に刊行された拙著『概説　現代政治―その動態と理論』（法律文化社）の「あとがき」で、こう書きました。あれから24年もの時間が経過しています。この時間は無駄に過ぎ去ったわけではありませんでした。今ようやく、この「日本共産党の力と政策をその構成部分とする『大左翼』の結集」が実現しつつあるのですから。

私の法政大学大学院での修士論文の表題は「コミンテルン初期における統一戦線政策の形成―特にドイツ共産党との関係を中心に」というものでした。これはその後、法政大学社会学部の紀要『社会労働研究』第24巻第1・2号（1978年2月）に掲載されています。私にとっては、活字になって発表された初めての論文です。その時から、統一戦線の形成は私にとっての学問的な研究課題であり続けてきました。

そして、今の私にとって、統一戦線の形成は全力で取り組むべき実践的な課題になっています。研究者としてのスタートを切ってから約40年後にして、その実現に向けて取り組むべき時代の課題となったことは嬉しい限りです。

このような思いで挑戦したのが、八王子市長選挙への立候補でした。2016年1月24日投票の市長選挙への立候補を要請されたのは、前月の12月4日のことです。戦争法案に反対するノーウォー八王子アクションなどでの共同の枠組みを大切にしたいと思い、「無党派共同」の候補として立候補を決意しました。

すでに書きましたように、私の支持に回ったのは共産党や社民党だけでなく維新の党や生活者ネット、無所属の市議さんなどで、民主党の有田参院議員も個人として応援してくださり、生活の党の山本参院議員からも応援のメッセージを寄せていただきました。市長選の翌月に参院選に向けて野党による「5党合意」が成立しますが、八王子での共同はそれに先んずるものでした。
結果は約5万票対9万票で落選でしたが、わずか1ヵ月前の立候補で選挙運動は実質3週間ほどでしたから、ある意味では当然の結果だったと言えるでしょう。それでも、野党共闘の先陣を切る形となった点で大きな意義のある挑戦であり、共同の前進のために一定の役割を果たせたのではないかと満足しています。

統一戦線の形成は、私にとって「見果てぬ夢」でした。その夢の実現に向けての動きが、戦争法案反対運動という社会運動の大波の中から忽然と姿を現し、私自身にとっても実践の課題となりました。今はまだ、芽吹いたばかりです。大切に育てて、やがて花開いて大きな実を結んで欲しいという願いを込めて、この本を書きました。

「保守政治と手を組むことを潔《いさぎよ》しとしないすべての勢力が協力・共同する」社会運動の大波によって、「大左翼」の形成と「左翼的空間」の拡大が実現し、強固な統一戦線を基盤とする民主的な連合政府が実現することを願いながら。

本書は『学習の友』に連載した論考を中心に、その他の雑誌に掲載した論考を加えて編集されました。元になった論考とその掲載誌を以下に掲げておきます。

序章　勤労者通信大学・基礎コース通信「知は力」（２０１６年６号）課外講座
第1章「反転攻勢に向けての活路が見えた―参院選の結果と平和運動の課題」日本平和委員会『平和運動』第５４５号（２０１６年9月号）
第2章「『手のひら返し』の『壊憲』暴走を許さない―参院選の結果と憲法運動の課題」憲法会議『憲法運動』通巻４５４号（２０１６年9月号）
第3章「今日における社会変革の担い手は誰か―なぜ多数者革命なのか」労働者教育協会『学習の友』第７５３号（２０１６年5月号）
第4章「労働組合運動はなぜ重要なのか」労働者教育協会『学習の友』第７５４号（２０１６年6月号）
第5章「現代の多様な社会運動の意味」労働者教育協会『学習の友』第７５５号（２０１６年7月号）
第6章「戦後70年、国民のたたかい―それを受け継ぐことが、私たちの務め」労働者教育協会『戦後70年と憲法・民主主義・安保』学習の友別冊　２０１５年
終章　書き下ろし

ただし、第1章と第2章については、かなりの修正や加筆がなされていることをお断りしておきたいと思います。語尾を変え、重なり合った部分や情勢の推移によって古くなっ

た部分などについては整理・削除・加筆などの手が加えられています。

本書は、前著『対決　安倍政権―暴走阻止のために』に続いて、学習の友社から出す2冊目の著書となりました。内容的には、前著の続編に当たります。前著と同様に、新著も皆さんの参考とされ、いま蘇りつつある社会運動のさらなる前進と日本における立憲主義と民主主義の発展のために役立つことを願っています。

この前著の「あとがき」で、私は東京都立大学の学生時代に全共闘を名乗る暴力学生によって竹竿で右目を刺されて失明し、今は義眼となっていることを書きました。そのうえで、全共闘だった人や「新左翼」諸党派の一員としてゲバ棒を振るった人にも、非暴力に徹し安倍政権との対決を覚悟するのであれば一緒に力を合わせようと、次のように呼びかけました。その思いは今も変わっていません。

「最後にもう一度、訴えたいと思います。恩讐を越えて、力を合わせようではありませんか。この日本を、周りの国々と仲良くできる平和で自由な社会とするために、大切な命とまともな暮らしを守るために、四季に恵まれた美しい自然と豊かな国土を維持するために、そして、この国に生まれてくる子どもたちや孫たちの未来のためにも……。」

【著者略歴】

五十嵐　仁（いがらし・じん）

法政大学名誉教授、大原社会問題研究所名誉研究員、全国革新懇・東京革新懇代表世話人、労働者教育協会理事

1951年生まれ、新潟県出身
1974年東京都立大学卒業。法政大学大学院、大原社会問題研究所研究員、教授、副所長を経て、2008年から12年まで所長。14年3月に法政大学退職。この間、2000～01年に米ハーバード大学ライシャワー日本研究所客員研究員。専門分野は、労働政治、労働問題、政治学、戦後政治史、選挙制度。

【主要著作】

『一目でわかる小選挙区比例代表並立制』（労働旬報社、1993年）
『政党政治と労働組合運動』（御茶の水書房、1998年）
『概説　現代政治―その動態と理論〔第3版〕』（法律文化社、1999年）
『日本20世紀館』（共編著、小学館、1999年）
『戦後政治の実像―舞台裏で何が決められたのか』（小学館、2003年）
『現代日本政治―「知力革命」の時代』（八朔社、2004年）
『この目で見てきた世界のレイバー・アーカイブス』（法律文化社、2004年）
『活憲―「特上の国」づくりをめざして』（山吹書店・績文堂、2005年）
『労働再規制―反転の構図を読みとく』（ちくま新書、2008年）
『労働政策』（日本経済評論社、2008年）
『社会労働大事典』（共編著、旬報社、2011年）
『日本の雇用があぶない』（共編著、旬報社、2014年）
『対決　安倍政権―暴走阻止のために』（学習の友社、2015年）
『18歳から考える日本の政治〔第2版〕』（法律文化社、2016年）

個人ブログ「五十嵐仁の転成仁語」http：//igajin.blog.so-net.ne.jp/ を発信

活路は共闘にあり―社会運動の力と「勝利の方程式」

発行　2017年2月14日　初　版　　　定価はカバーに表示

著　者　　五十嵐　仁

発行所　　学習の友社
〒113-0034　東京都文京区湯島2-4-4
TEL 03（5842）5641　FAX 03（5842）5645
振替　00100-6-179157
印刷所　株式会社　教文堂

ISBN978-4-7617-0703-3